THE KIDS BOOK OF WORDSEARCHES 2

Dr Gareth Moore is an Ace Puzzler, and author of lots of puzzle books. He created an online brain-training site called BrainedUp.com, and runs an online puzzle site called PuzzleMix.com. Gareth has a PhD from the University of Cambridge, where he taught machines to understand spoken English.

Buster Books

First published in Great Britain in 2017 by Buster Books,
an imprint of Michael O'Mara Books Limited,
9 Lion Yard, Tremadoc Road, London SW4 7NQ

 www.mombooks.com/buster Buster Books @BusterBooks

Illustrations by John Bigwood, Sarah Horne and Andrew Pinder

A CIP catalogue record for this book is available from the British Library.

ISBN: 978-1-78055-434-1

5 7 9 10 8 6

Papers used by Buster Books are natural, recyclable products
made from wood grown in sustainable forests. The manufacturing processes
conform to the environmental regulations of the country of origin.

Puzzles designed and typeset by Gareth Moore
www.drgarethmoore.com

Layout designed by Barbara Ward

Printed and bound in March 2019 by CPI Group (UK) Ltd,
108 Beddington Lane, Croydon, CR0 4YY, United Kingdom

MIX
Paper from
responsible sources
FSC® C020471

Contents

Searching For Words!
Level One: Beginners   Puzzles 1 To 23
Level Two: Intermediates   Puzzles 24 To 63
Level Three: Advanced   Puzzles 64 To 116
Level Four: Ace Puzzlers   Puzzles 117 To 160
Answers

Searching For Words!

Wordsearches are puzzles that absolutely anyone can solve. You don't even need to know the words or speak the language they're written in to solve them.

Words And Grids

Beneath each puzzle in this book is a list of words that you must find in the grid above it. You'll find the words running in a straight line in any direction, including diagonally, and either forwards or backwards.

Occasionally, some of the puzzles contain a phrase or word written with punctuation beneath the grid – in these cases just ignore the spaces or punctuation marks when looking in the grids.

When you find a word, mark it in the grid and cross it off in the list below it – a highlighter pen works well for this, but a pen or pencil are fine, too.

Are You A Beginner Or The Best?

The puzzles in this book start off easy and then get tougher as the book progresses. There are four separate difficulty levels, which are shown at the top of each page. There's also a 'Time' line where you can fill in exactly how long it has taken you to solve each puzzle.

Some of the puzzles have interesting shapes with lines drawn between the letters in the grid – ignore these when solving the puzzles, since the words can still run across these lines.

Some of the words in each puzzle will overlap one another – using the same letters in the grid.

If you get stuck and simply can't find a word and fear you will go crazy, don't despair, all the answers are in the back.

Good luck, and have fun!

Level One:
Beginners

Puzzle 1 Playing Cards

E	D	K	C	A	J	N	N
T	W	O	L	T	L	I	D
T	R	Q	U	E	E	N	E
N	E	A	B	N	O	E	I
G	E	D	E	M	R	V	G
S	N	V	A	H	F	E	H
R	I	I	T	P	C	S	T
F	D	X	K	A	S	A	U

ACE
CLUB
DIAMOND
EIGHT
FIVE
HEART
JACK
KING

NINE
QUEEN
SEVEN
SIX
SPADE
TEN
THREE
TWO

Puzzle 2 Princes and Princesses

```
G E      M M I      E T
N P      N E N      E L
I        A          A
M E      I H N      D M
R L R P J A S M I N E
A L S I L N A R I E L
H A P U C R E T T U B
C R M A N M B E L L E
A N N A       L V I M
N Y L G       A A A I
A S N O W W H I T E N
```

ANNA	ELLA
ANYA	ERIC
ARIEL	JASMINE
BELLE	MERIDA
BUTTERCUP	MULAN
CASPIAN	NAVEEN
CHARMING	SNOW WHITE

Puzzle 3 Islands

B	T	M	Z	C	U	B	S
A	O	A	O	U	A	E	A
A	R	R	H	H	V	M	M
D	F	A	A	I	I	A	O
U	O	M	D	B	T	U	O
A	A	L	I	H	O	I	R
S	A	Z	M	O	B	R	E
M	A	J	O	R	C	A	A

BAHAMAS   MALDIVES
BORA BORA   MAUI
CORFU   MOOREA
IBIZA   OAHU
MAJORCA   TAHITI

Puzzle 4 Four-letter Countries

M	C	U	B	A	L	I	I
D	H	I	O	O	J	R	N
M	A	U	G	I	N	A	R
A	D	B	F	I	M	N	A
A	M	E	U	O	R	L	M
I	P	E	R	U	G	A	L
A	L	O	U	I	L	O	Q
U	A	B	L	I	E	S	T

BALI	IRAQ
CHAD	LAOS
CUBA	MALI
EIRE	NIUE
FIJI	OMAN
GUAM	PERU
IRAN	TOGO

Puzzle 5 All About Gymnastics

U	T	U	M	B	L	E	L
Y	B	A	U	Y	C	I	P
S	T	R	E	N	G	T	H
I	A	I	A	F	E	B	T
N	S	L	L	P	R	U	R
E	A	I	O	I	R	L	O
B	P	R	I	N	G	S	L
N	G	N	I	D	N	A	L

AGILITY   ROLL
BALANCE   ROPE
FLIP   STRENGTH
LANDING   TUMBLE
MAT   TURN
RINGS

Puzzle 6 Onomatopoeic Words

```
H H I C C U P A
U R S P C O H T
M E R A O R S I
Q T L K L W I B
U T C G C P W B
A U P M R O S I
C L A R O A N R
K F Z F C O G K
```

CUCKOO	QUACK
FLUTTER	RIBBIT
GARGLE	ROAR
HICCUP	SPLASH
HUM	SWISH
KNOCK	WOOF
MOO	ZAP
POW	

Puzzle 7 European Countries

D	H	O	Y	S	E	B	M
N	N	U	P	B	M	U	T
A	K	A	N	A	I	L	U
L	I	A	L	G	N	G	R
N	R	T	L	E	A	A	K
I	A	E	U	I	R	R	E
F	B	Y	L	A	T	I	Y
P	O	R	T	U	G	A	L

BELGIUM   ITALY
BULGARIA   MALTA
FINLAND   PORTUGAL
HUNGARY   SPAIN
IRELAND   TURKEY

Puzzle 8 Stationery

E	R	A	S	E	R	S	E
A	P	E	N	R	S	R	N
R	E	A	U	A	M	O	V
R	E	L	P	A	T	S	E
S	E	M	R	E	T	S	L
R	O	K	P	A	R	I	O
C	E	A	P	E	R	C	P
R	D	E	U	L	G	S	E

COMPASS   PAPER
ENVELOPE   PEN
ERASER   RULER
GLUE   SCISSORS
MARKER   STAPLER
NOTEPAD   TAPE

Puzzle 9 Plant Life

S	G	T	R	E	E	C	S
U	N	L	A	N	L	U	G
T	I	G	I	I	G	N	R
C	L	V	M	N	I	E	S
A	D	B	U	L	W	H	S
C	E	F	P	O	S	C	A
R	E	A	L	U	F	I	R
I	S	F	B	M	R	L	G

ALGAE
BUSH
CACTUS
CLIMBER
FLOWER
FUNGUS
GRASS
LICHEN
SAPLING
SEEDLING
TREE
VINE

Puzzle 10 Nobel Prize Winners

```
T  A  F  A  R  A  Z  I
I  L  N  N  N  E  A  G
Y  E  O  N  H  H  N  O
K  D  A  C  T  U  L  R
U  N  N  A  J  E  M  E
U  A  A  E  B  I  M  E
S  M  A  I  L  L  I  W
M  D  E  K  L  E  R  K
```

ANNAN   MAATHAI
ARAFAT   MANDELA
BELO   SANCHEZ
DAE-JUNG   SUU KYI
DE KLERK   WILLIAMS
GORE
HUME

Puzzle 11 Cheeses

C	H	E	S	H	I	R	E
N	P	E	I	F	M	D	M
S	E	C	E	R	A	I	M
E	M	T	C	M	B	D	E
P	A	R	M	E	S	A	N
C	H	E	D	D	A	R	T
H	R	I	C	O	T	T	A
S	T	I	L	T	O	N	L

BRIE
CHEDDAR
CHESHIRE
EDAM
EMMENTAL

FETA
PARMESAN
RICOTTA
STILTON

Puzzle 12 Christmas Nativity

L	I	S	H	E	E	P	D
S	E	N	T	H	M	O	R
S	H	G	N	A	N	N	E
M	I	P	N	K	B	D	H
Y	P	G	E	A	M	L	P
R	E	Y	A	S	H	O	E
R	C	O	W	M	O	G	H
H	C	Y	R	A	M	J	S

ANGEL   MYRRH
COW   SHEEP
DONKEY   SHEPHERD
GOLD   STABLE
INN
JOSEPH
MAGI
MANGER
MARY

Puzzle 13 Spring Cleaning

I	T	I	B	U	R	C	S
R	I	P	W	W	I	P	E
F	U	M	I	G	A	T	E
T	H	F	N	R	H	S	M
I	E	S	K	A	S	U	P
D	Y	L	A	O	E	D	T
Y	E	R	A	W	R	L	Y
N	I	P	D	V	F	S	C

CLEAN   WASH
DRY   WIPE
DUST
EMPTY
FRESH AIR
FUMIGATE
SCRUB
SOAP
SPARKLE
TIDY
VALET

Puzzle 14 Languages

A	N	P	O	L	I	S	H
E	I	A	I	K	H	U	S
I	R	M	M	O	D	R	I
N	A	I	S	R	E	P	L
T	D	H	U	E	E	C	G
T	N	H	T	A	E	G	N
J	A	P	A	N	E	S	E
E	M	H	C	N	E	R	F

ENGLISH   PERSIAN
FRENCH   POLISH
GERMAN   TAMIL
JAPANESE   THAI
KOREAN   URDU
MANDARIN

Puzzle 15 Global Cities

A	A	E	O	A	H	N	I
N	R	N	R	E	E	H	L
T	I	R	N	O	L	I	O
O	R	E	E	E	S	R	N
K	O	B	D	B	I	L	D
Y	M	W	O	A	N	V	O
O	E	N	C	K	K	A	N
N	D	U	B	L	I	N	C

BERNE   LONDON
CAIRO   NEW DELHI
CANBERRA   OSLO
DUBLIN   ROME
HELSINKI   TOKYO
LISBON   VIENNA

Puzzle 16 Keeping Fit

G	N	I	M	M	I	W	S
N	N	U	E	D	R	C	P
I	L	I	S	S	I	L	U
K	U	A	N	B	A	P	S
L	N	U	O	N	N	P	S
A	G	R	K	I	U	M	E
W	E	S	I	G	E	R	R
A	S	Q	U	A	T	S	P

AEROBICS   RUNNING
DIPS   SQUATS
LUNGES   SWIMMING
PLANKS   WALKING
PRESS-UPS

Puzzle 17 Baby Animals

G	L	E	V	E	R	E	T
K	N	T	D	Y	B	A	B
G	N	I	L	K	C	U	D
C	K	E	L	O	C	L	Y
G	A	A	T	S	C	E	N
A	M	L	P	T	O	T	W
B	T	U	F	J	I	G	A
C	P	C	H	I	C	K	F

BABY   JOEY
CALF   KID
CHICK   KITTEN
COLT   LAMB
CUB   LEVERET
DUCKLING   PUP
FAWN
GOSLING

Puzzle 18 Whales and Dolphins

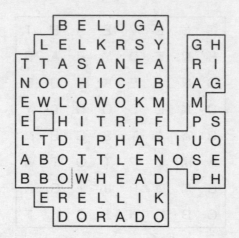

```
  B E L U G A
  L E L K R S Y   G H
T T A S A N E A   R I
N O O H I C I B   A G
E W L O W O K M   M
E   H I T R P F   P S
L T D I P H A R I U O
A B O T T L E N O S E
B B O W H E A D   P H
  E R E L L I K
  D O R A D O
```

BALEEN
BAY
BELUGA
BLACKFISH
BOTTLENOSE
BOWHEAD
DORADO
GRAMPUS
KILLER
MINKE

NARWHAL
PILOT
PORPOISE
SEI
TOOTHED
WHITE

Puzzle 19 Money, Money, Money

T	S	E	R	E	T	N	I
E	P	E	H	N	I	E	P
G	E	C	S	S	A	C	A
D	N	G	O	R	A	E	Y
U	D	I	N	I	U	C	M
B	I	I	V	A	N	P	E
G	N	I	R	A	H	S	N
G	G	N	I	E	S	C	T

BUDGET   PAYMENT
CASH   PURSE
CHANGE   SAVING
COINS   SHARING
EARNING   SPENDING
INTEREST

Puzzle 20 Fruit

L	L	Y	C	H	E	E	O
T	A	U	Q	M	U	K	R
Y	Y	M	E	L	O	N	A
I	E	R	U	P	I	R	N
W	L	T	R	S	A	M	G
I	P	A	A	E	T	R	E
K	P	U	P	D	H	A	G
B	A	N	A	N	A	C	S

APPLE	LIME
BANANA	LYCHEE
CHERRY	MELON
DATE	ORANGE
GRAPE	PEAR
KIWI	SATSUMA
KUMQUAT	

Puzzle 21 Mammals

E	B	E	A	V	E	R	H
E	L	R	V	Z	G	E	N
T	M	E	E	O	D	T	I
A	A	B	P	G	L	A	R
N	R	O	E	H	I	E	A
A	M	H	G	H	A	T	M
M	O	U	S	E	A	N	A
G	T	T	R	I	P	A	T

ANTEATER   MOUSE
BEAVER   TAMARIN
ELEPHANT   TAPIR
GOAT   TIGER
HEDGEHOG   VOLE
MANATEE   ZEBRA
MARMOT

Puzzle 22 At The Cinema

I	C	O	M	E	D	Y	F
O	I	C	P	R	D	I	N
H	I	I	S	O	L	O	A
O	C	D	R	M	I	M	O
R	F	A	N	T	A	S	Y
R	P	O	C	R	I	M	E
O	I	A	D	N	R	A	W
R	E	T	S	G	N	A	G

ACTION   FILM NOIR
COMEDY   GANGSTER
CRIME   HORROR
DRAMA   PARODY
EPIC   WAR
FANTASY

Puzzle 23 Speaking Without Words

K	N	I	W	E	F	D	K
Y	L	I	R	R	O	N	G
S	E	S	O	N	B	U	R
T	E	W	A	L	E	F	I
R	N	O	I	L	K	L	M
U	K	N	I	I	U	B	A
C	K	M	S	I	O	T	C
K	S	S	I	W	A	V	E

BLINK   SALUTE
BOW   SMILE
CURTSY   WAVE
FROWN   WINK
GRIMACE
KISS
KNEEL
NOD
RUB NOSES

Level Two:
Intermediates

Puzzle 24 Phases of the Moon

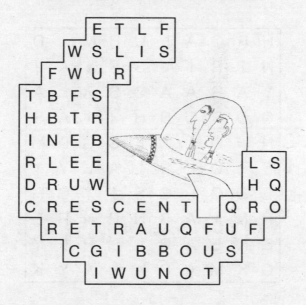

```
        E T L F
      W S L I S
    F W U R
  T B F S
  H B T R
  I N E B
  R L E E          L S
  D R U W          H Q
  C R E S C E N T  Q R O
    R E T R A U Q F U F
      C G I B B O U S
        I W U N O T
```

CRESCENT   NEW
FIRST   QUARTER
FULL   THIRD
GIBBOUS

Puzzle 25 Totally Tea

```
H R O A L U B M I D
N T R I V S S I A J
Y A R A A O S R L A
G O R O B H J I A S
N H O I W E C G D M
E I O L E L A L Y I
E O G L O S I I G N
R N I A S N R N R E
G N E A R L G R E Y
G K M A S A L A Y K
```

ASSAM
CHAI
DARJEELING
DIMBULA
EARL GREY
GREEN
JASMINE
KENILWORTH

LADY GREY
MASALA
NILGIRI
OOLONG
ROOIBOS
UVA

Puzzle 26 Track and Field Events

P	U	P	M	U	J	H	G	I	H
E	M	M	Y	N	O	S	U	E	J
N	N	U	R	A	P	H	P	A	S
T	P	J	J	R	L	T	V	U	S
A	H	G	I	E	A	E	C	R	H
T	J	N	T	T	L	S	R	R	O
H	T	O	H	I	I	P	G	S	T
L	E	L	N	D	R	O	I	S	P
O	O	G	N	I	N	N	U	R	U
N	O	L	H	T	A	C	E	D	T

DECATHLON   PENTATHLON
DISCUS   RELAY
HEPTATHLON   RUNNING
HIGH JUMP   SHOT-PUT
JAVELIN   SPRINT
LONG JUMP   TRIPLE JUMP

Puzzle 27 Rodents

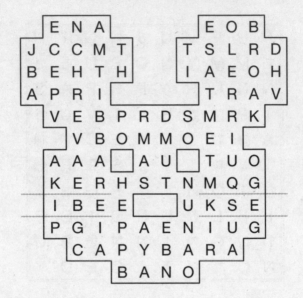

```
    E N A           E O B
J C C M T       T S L R D
B E H T H       I A E O H
A P R I         T R A V
  V E B P R D S M R K
    V B O M M O E I
  A A A   A U   T U O
  K E R H S T N M Q G
  I B E E     U K S E
  P G I P A E N I U G
    C A P Y B A R A
        B A N O
```

BEAVER	PIKA
CAPYBARA	RABBIT
CHIPMUNK	RAT
DORMOUSE	SQUIRREL
GUINEA PIG	VOLE
HAMSTER	
HARE	
JERBOA	

Puzzle 28 Minerals

```
A M D I A S P O R E
F L U O R I T E E C
A M A Z O N I T E O
C E L B I R I L M R
A O T T A N E U T U
L A R I O S S B C N
C E C M T P T L M D
I L I I Y A A E L U
T L T G M T P Z R M
E E R O C K S A L T
```

ALABASTER	GYPSUM
AMAZONITE	LIMONITE
APATITE	MICA
CALCITE	NITRE
CELESTITE	ROCK SALT
CORUNDUM	TALC
DIASPORE	TOPAZ
FLUORITE	UMBER

Puzzle 29 Parts of a Roman City

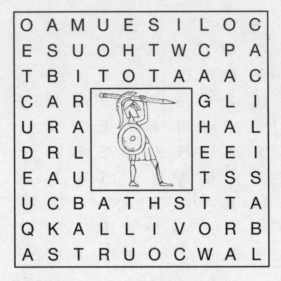

```
O A M U E S I L O C
E S U O H T W C P A
T B I T O T A A A C
C A R         G L I
U R A         H A L
D R L         E E I
E A U         T S S
U C B A T H S T T A
Q K A L L I V O R B
A S T R U O C W A L
```

AQUEDUCT   HOUSE
BARRACKS   LAW COURTS
BASILICA   PALAESTRA
BATHS   TABULARIUM
COLISEUM   VILLA
GATE   WALL
GHETTO

Puzzle 30 Card Games

I	Y	A	M	H	C	T	I	W	S
C	R	I	B	B	A	G	E	S	K
B	A	R	U	M	M	Y	A	C	T
E	N	A	L	E	E	J	A	A	D
Z	A	M	K	R	R	J	R	I	S
I	C	K	H	E	K	A	A	E	E
Q	E	C	B	C	C	M	V	T	D
U	U	A	A	C	D	E	I	D	A
E	L	L	A	L	N	P	C	L	P
K	B	B	O	S	S	B	A	A	S

BACCARAT	KLABERJASS
BEZIQUE	OLD MAID
BLACKJACK	RUMMY
BLACK MARIA	SEVENS
BLUE CANARY	SPADES
CRIBBAGE	SPITE
EUCHRE	SWITCH

Puzzle 31 Famous Queens

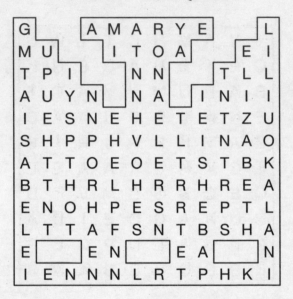

G		A	M	A	R	Y	E		L
M	U		I	T	O	A		E	I
T	P	I		N	N		T	L	L
A	U	Y	N		N	A	I	N	I
I	E	S	N	E	H	E	T	E	Z	U
S	H	P	P	H	V	L	L	I	N	A	O
A	T	T	O	E	O	E	T	S	T	B	K
B	T	H	R	L	H	R	R	H	R	E	A
E	N	O	H	P	E	S	R	E	P	T	L
L	T	T	A	F	S	N	T	B	S	H	A
E		E	N		E	A		N
I	E	N	N	N	L	R	T	P	H	K	I

ANNE	LILIUOKALANI
ELEANOR	MARY
ELIZABETH	NEFERTITI
GUINEVERE	PENELOPE
HATSHEPSUT	PERSEPHONE
HELEN	SHEBA
ISABEL	TITANIA

Puzzle 32 Extreme Sports

M	N	S	K	S	J	I	T	G	S
C	T	K	I	S	E	A	A	N	K
A	S	Y	C	O	T	G	B	I	I
R	S	D	K	R	S	N	S	V	J
R	I	I	B	C	K	I	E	I	U
A	S	V	O	O	I	F	I	D	M
C	A	I	X	T	I	R	L	P	P
I	G	N	I	O	N	U	I	E	I
N	G	G	N	M	G	S	N	E	N
G	C	P	G	E	I	N	G	D	G

ABSEILING   SKYDIVING
CAR RACING   SURFING
DEEP DIVING
JET-SKIING
KICKBOXING
LUGE
MOTOCROSS
SKI JUMPING

Puzzle 33 Constellations

A	S	U	I	P	R	O	C	S	C
U	D	I	N	N	Y	E	A	A	A
R	O	E	I	O	P	X	N	Y	S
S	I	S	M	H	E	I	I	U	S
A	M	O	E	O	S	L	S	S	I
M	R	U	G	M	R	A	M	E	O
I	S	B	A	R	G	D	I	I	P
N	S	J	I	E	I	I	N	R	E
O	O	E	P	L	E	V	O	A	I
R	O	J	A	M	A	S	R	U	A

ANDROMEDA
ARIES
CANIS MAJOR
CANIS MINOR
CASSIOPEIA
CEPHEUS
GEMINI
LEO

LIBRA
PEGASUS
PYXIS
SCORPIUS
URSA MAJOR
URSA MINOR
VIRGO

Puzzle 34 Superheroes

```
K E B A T M A N N T
L N T H E F L A S H
U I O E U G O R R E
H R N         T I T
E E I         C A H
H V B         E A I
M L O         L R N
W O R R A N E E R G
T W Y O B R E P U S
F N A M R E D I P S
```

BATMAN	SPIDERMAN
ELECTRA	SUPERBOY
GREEN ARROW	THE FLASH
HULK	THE THING
ROBIN	THOR
ROGUE	WOLVERINE

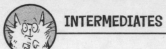
Puzzle 35 Breeds of Dog

```
I S   D B O X E R   L T
E C T R H C U E D I L D
N H N S E T T N E L E A
A N   L   T U   I   S L
D A   U E O N V L   S M
T U   S H     I L   U A
A Z   Y K S U H O   R T
E E E I P L E K C P K I
R R E V E I R T E R C A
G D P O M E R A N I A N
L D N U H S H C A D J A
E A T   G H I D   P T O
```

BOXER
COLLIE
DACHSHUND
DALMATIAN
GREAT DANE
GREYHOUND
HUSKY
JACK RUSSELL

KELPIE
POINTER
POMERANIAN
PUG
RETRIEVER
SCHNAUZER
SETTER

Puzzle 36 Breeds of Cat

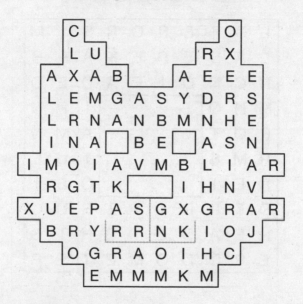

```
    C                   O
    L U             R X
  A X A B       A E E E
    L E M G A S Y D R S
    L R N A N B M N H E
    I N A □ B E □ A S N
  I M O I A V M B L I A R
    R G T K □   I H N V
  X U E P A S G X G R A R
    B R Y R R N K I O J
    O G R A O I H C
    E M M M K M
```

BENGAL	KORAT
BURMILLA	MANX
CORNISH REX	MINSKIN
EGYPTIAN MAU	OREGON REX
HIGHLANDER	TABBY
JAVANESE	

Puzzle 37 Under The Bonnet

L	T	F	E	R	O	R	R	I	M
L	A	D	E	P	E	K	A	R	B
N	C	N	D	I	E	A	D	E	O
M	H	O					I	P	N
R	O	T					A	M	N
R	M	S					T	U	E
R	E	I					O	B	T
D	T	P	R	I	I	E	R	U	C
H	E	A	D	L	I	G	H	T	S
E	R	O	D	O	M	E	T	E	R

BONNET   MIRROR
BRAKE PEDAL   ODOMETER
BUMPER   PISTON
DOOR   RADIATOR
FAN   TACHOMETER
HEADLIGHT

Puzzle 38 All Kinds of Fish

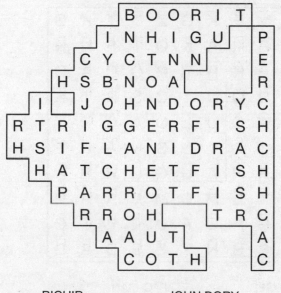

```
        B O O R I T
      I N H I G U      P
      C Y C T N N      E
    H S B N O A        R
  I   J O H N D O R Y  C
R T R I G G E R F I S  H
H S I F L A N I D R A  C
H A T C H E T F I S H
  P A R R O T F I S H
    R R O H     T R C  A
    A A U T        C   A
    C O T H            C
```

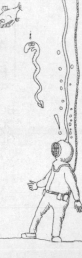

BICHIR
CARDINAL FISH
CARP
COD
DANIO
GOBY
HATCHETFISH
HONGI

JOHN DORY
NOTHO
PARROTFISH
PERCH
SYNO
TRIGGERFISH
TROUT
TUNA

Puzzle 39 Video Game Characters

```
T M F K G Z T T K G
U R A A K O I F N N
M E K R M G O O A O
N S O N I C S R T K
I W O U L O A C P Y
S O L I D S N A K E
K B N A U G C R S K
S K L M D M Y A A N
A G A O A U L L C O
B S S N Z E L D A D
```

BOWSER
DONKEY KONG
GLADOS
LARA CROFT
LINK
LUIGI
MARIO

PAC-MAN
RYU
SAMUS ARAN
SOLID SNAKE
SONIC
TOM NOOK
ZELDA

Puzzle 40 Adventure Playground

E	N	G	L	S	E	I	S	G	T
P	N	N	S	I	W	H	E	I	B
L	S	I	S	E	E	I	P	H	M
A	G	C	L	L	E	D	N	N	A
Y	O	N	T	O	N	S	I	G	C
T	L	E	N	A	P	Y	A	L	P
O	R	F	S	S	E	M	W	W	S
W	U	F	O	U	N	T	A	I	N
E	L	I	A	R	T	M	I	R	T
R	O	U	N	D	A	B	O	U	T

FENCING
FOUNTAIN
LOGS
PLAY PANEL
PLAY TOWER
ROUNDABOUT
SAND PIT

SEE SAW
SHELTER
SLIDE
SWING
TRAMPOLINE
TRIM TRAIL

Puzzle 41 Fishing Equipment

```
D O R Y L F J W C E
F O T A O L F O H O
A F R S T Y W R B F
T R A C E F R M A J
D O R G N I H S I F
O H D S P S R G T R
    E H L P E K
    E I A E O B
    K N L O A T
    O G H F R D
```

BAIT
FISHING ROD
FLIES
FLOAT
FLY FISHING
FLY ROD
GAFF

HOOK
JIG
KEEPNET
LEAD
PRIEST
REEL
TRACE
WORMS

Puzzle 42 Springtime

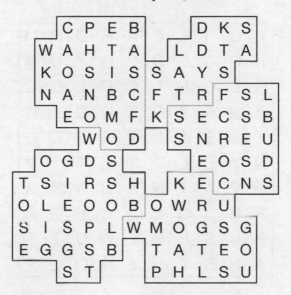

BLOSSOM	GREENERY
BUDS	GROWTH
CHICKS	LAMBS
CROCUSES	NEW SHOOTS
DAFFODILS	SNOWDROPS
EASTER	THAW
EGGS	

Puzzle 43 At the Theatre

```
F  G  R  E  E  N  R  O  O  M
K  O  O  L  R  P  G  Y  U  R
G  L  O  E  L  C  R  I  C  O
E  G  A  T  S  E  R  O  F  O
E  S  S  W  L  O  W  S  D  D
N  Y  E  L  T  I  T  T  I  P
O  P  A  I  N  A  G  W  R  A
R  G  D  G  L  A  C  H  G  R
P  U  S  L  O  F  W  D  T  T
A  H  S  T  H  E  G  O  D  S
```

APRON
AUDITORIUM
CATWALK
CIRCLE
FLIES
FOOTLIGHTS
FORESTAGE
GALLERY

GREEN ROOM
GRID
LOGE
PIT
STALLS
THE GODS
TRAPDOOR
WINGS

Puzzle 44 Cycling

G	F	H	P	P	R	S	M	H	Y
D	R	A	U	G	N	I	A	H	C
M	O	I	M	B	R	N	L	E	R
U	N	N	P	F	D	A	A	E	C
D	T	M	E	L	D	D	A	S	R
G	B	T	E	E	S	R	E	A	R
U	R	B	P	P	T				
A	A	R	O	Y	M				
R	K	K	R	O	F				
D	E	E	U	B	H				

CHAIN GUARD	PEDAL
FORK	PUMP
FRONT BRAKE	REAR TYRE
GRIP	RIM
HANDLEBAR	SADDLE
HUB	SPOKE
MUDGUARD	

Puzzle 45 Poetry

```
T  E  N  N  O  S  E  L  A  L
A  P  E  P  E  P  I  A  E  Y
E  I  M  S  I  M  L  R  G  C
I  C  R  G  E  L  E  O  I  I
U  E  R  R  E  G  L  T  D  T
V  A  I  G  G  A  N  S  Y  S
M  C  O  O  N  A  S  A  L  O
K  R  D  A  M  T  P  P  L  R
Y  E  C  O  U  P  L  E  T  C
N  A  R  R  A  T  I  V  E  A
```

ACROSTIC
ALLEGORY
ANALOGY
COUPLET
DOGGEREL
EPIC
EPIGRAM
IDYLL

LIMERICK
NARRATIVE
ODE
PASTORAL
ROMANTIC
SONNET
VERSE

Puzzle 46 Think About It

```
R M E D I T A T E I
D E L I B E R A T E
L U C R E M R K R T
L T O O U U E E U A
L O W S L L B S M R
D V E E R L M T I B
        I O E O N E
        T V M C A R
        I E E K T E
        E R R R E C
```

BROOD
CEREBRATE
DELIBERATE
MEDITATE
MULL OVER
MUSE

RECOLLECT
REMEMBER
REVIEW
RUMINATE
TAKE STOCK

Puzzle 47 Extreme Weather

```
R T F O G W D E S M
G N W U T R Z D A R
S A S H O W E R N O
N T A U R H I I G T
O W G A N M A A I S
W H A D A R L I C E
T H U N D E R G L P
G O U I O T T S I M
G S C W B R E E Z E
T A R Y H P E Z M T
```

ACID RAIN	HAIL	THAW
BREEZE	ICE	THUNDER
DROUGHT	MIST	TORNADO
FOG	SHOWER	TSUNAMI
GALE	SNOW	WIND
GUST	STORM	ZEPHYR
HAAR	TEMPEST	

Puzzle 48 Party Time

A		N			A		D		C
E		O			B		E		A
S		I			B		R		R

S	T	G	T	O	R	E	N	N	I	D	D
	N	G	A	B	Y	D	O	O	G	S	
	E	S	R	E	M	A	E	R	T	S	
	S	N	O	O	L	L	A	B	D	N	
	E	I	C	S	D	S	Y	N	E	O	
	R	G	E	R	T	T	E	S	C	B	
	P	M	D	F	R	I	W	S	A	B	
	A	A	I	A	R	O	A	G	K	I	
G	S	G	P	F	B	A	N	N	E	R	S

BADGE	FRIENDS
BALLOONS	GAMES
BANNERS	GIFTS
BOWS	GOODY BAG
CAKE	PARTY
CARDS	PRESENTS
DECORATION	RIBBONS
DINNER	STREAMERS

Puzzle 49 African States and Territories

M	I	D	N	U	R	U	B	M	M
U	A	L	G	E	R	I	A	A	B
S	O	U	T	H	S	U	D	A	N
D	G	L	R	T	R	A	O	O	M
A	O	S	P	I	G	H	O	A	A
H	T	Y	T	A	T	R	L	E	N
C	G	I	S	O	E	A	C	W	G
E	U	C	S	M	W	A	N	I	O
S	A	E	A	I	R	E	B	I	L
R	L	C	N	A	M	I	B	I	A

ALGERIA   MADAGASCAR
ANGOLA   MALAWI
BURUNDI   MAURITANIA
CAMEROON   MAURITIUS
CHAD   NAMIBIA
EGYPT   SOUTH SUDAN
LESOTHO   TOGO
LIBERIA

Puzzle 50 In The Dentist's Chair

F	Y	N	S	W	G	E	D	U	H
O	R	F	O	T	L	E	H	S	R
F	I	L	L	I	N	G	U	A	C
T	A	O	M	T	S	R	L	H	A
E	F	S	I	M	B	O	E	O	V
D	H	S	U	H	M	W	R	T	I
S	T	G	T	L	H	T	E	E	T
T	O	O	T	H	P	I	C	K	I
T	O	O	T	H	P	A	S	T	E
T	T	B	B	R	E	A	T	H	S

BREATH   MOLAR
CAVITIES   SMILE
CHEW   TEETH
DENTIST   TOOTHBRUSH
EROSION   TOOTH FAIRY
FILLING   TOOTHPASTE
FLOSS   TOOTHPICK
GUMS

Puzzle 51 Vowelless Words

```
        Y F C R Y T
        L S L H R M
        Y Y W Y S H
        R N S T Y C
Y S R T P T H H Z C
M Y T H S H P M Y N
Y W T H C N Y L G Y
H R Y Y P R L M Y S
T L S N R L G R N H
Y P C H D Y L Y L S
```

CRY	PSYCH	THYMY
FLY	RHYTHM	TRYSTS
GLYPHS	SHYLY	WHY
HYMNS	SLYLY	WYND
LYNCH	SPRYLY	
MYRRH	SYNC	
MYTHS	SYNTH	
NYMPHS	SYZYGY	

Puzzle 52 Matching First and Last Letters

Y	L	R	A	E	Y	R	E	S	E
W	O	D	N	I	W	Z	R	T	A
R	O	T	A	R	I	P	S	E	R
D	T	S	N	L	H	I	N	W	T
O	E	F	A	A	P	I	O	A	H
C	W	U	E	A	R	L	P	R	Q
K	Q	R	R	H	L	Y	Z	D	U
E	E	E	S	A	T	S	T	E	A
D	H	N	W	I	L	R	Q	S	K
T	E	W	O	L	L	I	W	S	E

DOCKED   THERAPIST
EARTHQUAKE   TYRANT
ENSHRINE   WALLOW
EQUALIZE   WILLOW
RESPIRATOR   WINDOW
STEWARDESS   YEARLY
THEFT

Puzzle 53 At School

```
I O M L C P
D Y L A M L
G A F B O A
H E L O O Y
L B C M T O F R R G
Y A A E C F E A F R
E X R K I G R T F O
E I E C A B F O A U
A R E T I O L R T N
S A S L P O O Y S D
```

CAFETERIA   STAFFROOM
EXAM HALL   STAGE
GYM
LABORATORY
LIBRARY
LOCKERS
OFFICE
PLAYGROUND

Puzzle 54 Chinese Dishes

```
K C U D G N I K E P
P H U O M P S C U U
A A H K C U I O M O
K R O C U R S O A S
C S I E D N O M D E
H I S E O N G O I L
O U I T C N U P O D
I R N A E F U N A O
F O K D U R N N F O
W E C H O W M E I N
```

CHAR SIU	KUNG PAO
CHOW MEIN	MOONCAKE
DIM SUM	NOODLE SOUP
DOUFU	PAK CHOI
FRIED RICE	PEKING DUCK
HOISIN	WONTON SOUP

Puzzle 55 Footwear

```
R  L  F  R  E  N  I  A  R  T
P  E  L  L  E  M  N  O  E  R
N  M  U  O  I  P  E  O  F  U
H  I  U  G  S  P  P  S  A  O
M  L  S  P  O  M  F  I  O  C
E  S  P  A  D  R  I  L  L  E
      C  G  B  L  O  S
      C  C  O  P  P  P
      H  S  O  L  A  G
      G  A  T  M  C  D
```

BOOT	LOAFER
BROGUE	MOCCASIN
CLOG	PLIMSOLL
COURT	PUMP
ESPADRILLE	SLIPPER
FLIP-FLOP	TRAINER
GALOSH	

Puzzle 56 Under The Sea

```
F  L  L  B  A  R  C  S  U  E
I  A  O  L  E  S  E  A  L  A
S  S  B  T  A  A  S  U  S  G
H  L  S  A  W  R  R  P  N  L
L  Y  T  E  R  C  O  I  T  A
O  H  E  S  H  N  H  C  U  W
A  D  R  I  G  P  A  O  R  H
F  B  N  E  L  H  E  C  T  A
O  C  T  O  P  U  S  H  L  L
H  E  D  I  U  Q  S  G  E  E
```

ALGAE	SEAHORSE
BARNACLE	SEAL
CORAL	SEAWEED
CRAB	SPONGE
DOLPHIN	SQUID
FISH	TURTLE
LOBSTER	URCHIN
OCTOPUS	WHALE
OYSTER	

Puzzle 57 Pioneers

```
D L I N D B E R G H
S P C O D Y G K A N
U N A S M G A R T E
B O R N G U M R L S
M S S I K S A B G D
U R O K T H B N R N
L E N R R U U A U U
O D O A H J K R N M
C N E P B E L L S A
G A C R O C K E T T
```

AMUNDSEN	EARHART
ANDERSON	GAMA
ARMSTRONG	GRAY
BELL	HUBBLE
CARSON	JUNG
CODY	LINDBERGH
COLUMBUS	PANKHURST
CROCKETT	PARKINSON
DRAKE	

Puzzle 58 Famous Families

```
M T C M O R N Y E H
R T H O O T D K T H
Y F A D P E T R S A
C A U M N P O U E B
I T V N A S O I H S
C L E B D Y R L N B
I K L N U U O A A U
D L I H C S H T O R
E W N B W K H Z A G
M L Y M E L O T P H
```

BHUTTO	KHAN
BUSH	MEDICI
CHAUVELIN	PTOLEMY
COPPOLA	ROTHSCHILD
CURIE	TAFT
ESTE	TUDOR
HABSBURG	WINDSOR
HATOYAMA	ZHU
KENNEDY	

Puzzle 59 Asian Cuisines

```
E N N B M I
B N A A A A
N A I I I H
A I L P D T
H E O I P O O A M N
G N G N N I B A M L
F U N D Y E L M L B
A R O I H A S I A I
A B M A Y A F E H C
E S E N A V A J Y P
```

AFGHAN	LAOTIAN
BALINESE	MALAY
BRUNEIAN	MONGOLIAN
CAMBODIAN	PHILIPPINE
INDIAN	THAI
JAVANESE	

Puzzle 60 Italian Food

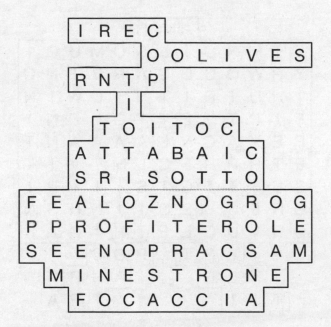

I	R	E	C						
		O	O	L	I	V	E	S	
R	N	T	P						
		I							
	T	O	I	T	O	C			
A	T	T	A	B	A	I	C		
S	R	I	S	O	T	T	O		
F	E	A	L	O	Z	N	O	G	R	O	G
P	P	R	O	F	I	T	E	R	O	L	E
S	E	E	N	O	P	R	A	C	S	A	M
M	I	N	E	S	T	R	O	N	E
F	O	C	A	C	C	I	A

CIABATTA   PESTO
FOCACCIA   PITA
GORGONZOLA   PROFITEROLE
MASCARPONE   RISOTTO
MINESTRONE
OLIVES

Puzzle 61 Arts and Crafts

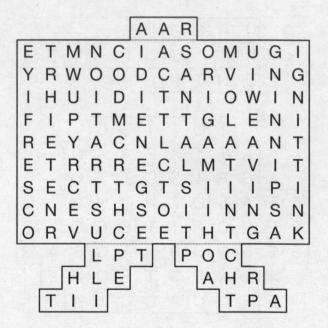

```
          A A R
  E T M N C I A S O M U G I
  Y R W O O D C A R V I N G
  I H U I D I T N I O W I N
  F I P T M E T T G L E N I
  R E Y A C N L A A A A N T
  E T R R R E C L M T V I T
  S E C T T G T S I I I P I
  C N E S H S O I I N N S N
  O R V U C E E T H T G A K
      L P T   P O C
    H L E     A H R
  T I I       T P A
```

ANIMATION	KNITTING	SPINNING
ARCHITECTURE	MODELLING	TAPESTRY
CERAMICS	MOSAIC	WEAVING
FRESCO	ORIGAMI	WOODCARVING
ILLUSTRATION	PHOTOGRAPHY	

Puzzle 62 Groceries

```
C O O K E D M E A T
S K N I R D T F O S
S E E S A N R I L E
A S I I R O L A O C
R C R R Z E E D H U
E Y N E T R W Z O A
F A N R E S S O C S
J U I C E S A L L T
P E T F O O D P A F
S T A E M H S E R F
```

ALCOHOL	FRESH MEAT	SAUCES
COOKED MEAT	FROZEN	SOFT DRINKS
COOKED MEAT	JUICES	TOILETRIES
DAIRY	PASTRIES	
FLOWERS	PET FOOD	

Puzzle 63 The Milky Way

K	R	M	S	T	E	N	A	L	P
A	U	G	R	C	S	O	O	E	D
S	P	I	R	A	L	A	R	M	S
T	G	G	P	A	N	S	M	T	T
T	S	R	H	E	E	O	E	I	A
H	H	R	A	U	R	M	I	B	R
B	H	E	S	V	O	B	S	R	S
N	G	A	S	C	I	S	E	O	O
B	R	L	D	U	S	T	E	L	O
M	R	A	S	U	N	G	Y	C	T

COMETS
CYGNUS ARM
DUST
GAS
GRAVITY
HALO
KUIPER BELT

ORBIT
ORION ARM
PERSEUS ARM
PLANETS
SPIRAL ARMS
STARS
THE SUN

Level Three:
Advanced

Puzzle 64 British Actors

```
W F N           L E N
A A E N Y A M D E R I H O
M B L E S S E D S R I E S
O O L G R U F F U D D E E
O O E E I   G A D E   C E
R L K   A L L   N W N
E D C U M B E R B A T C H
  M M B E S E E L C N U
  A O L T L E Y A   I R
  N Y O Y S R     R R
  W N O       B E G Y
    C T R A W E T S A
    T C R A W F O R D
```

BLESSED	GAMBON	MOORE
CLEESE	GRINT	NEESON
COYLE	GRUFFUDD	OLDMAN
CRAWFORD	HIDDLESTON	REDMAYNE
CUMBERBATCH	LAURIE	RYLANCE
CURRY	LAW	STEWART
ELBA	MCKELLEN	

Puzzle 65 British Actresses

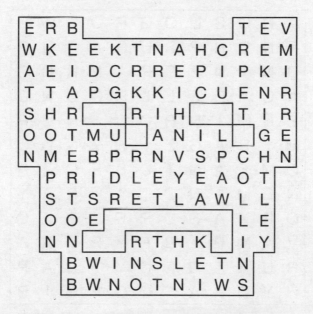

ARTERTON	MIRREN	SWINTON
BECKINSALE	PIKE	THOMPSON
BURKE	PIPER	WALTERS
COLLINS	REDGRAVE	WATSON
KNIGHTLEY	RICHARDSON	WINSLET
MERCHANT	RIDLEY	

Puzzle 66 Mythological Beasts

```
A D O S N O G R O G W R
T N D H P S U S A G E P
D N I N F O P A P R G G
A C A H E L L H O U N D
E H M I N R O C I N U P
M I R A G E I W Y N D O
O M E A N T O S E C X H
N E M I N O T A U R A Y
O R X A S U R E B R E C
V A M P I R E Y P T R W
R U A T N E C Y I S A P
H Y D R A T O O F G I B
```

BIGFOOT	GIANT	MERMAID	UNICORN
CENTAUR	GORGON	MINOTAUR	VAMPIRE
CERBERUS	HARPY	PEGASUS	WEREWOLF
CHIMERA	HELLHOUND	PHOENIX	YETI
CYCLOPS	HYDRA	SIREN	
DAEMON	MANTICORE	SPHINX	

Puzzle 67 Bond Films

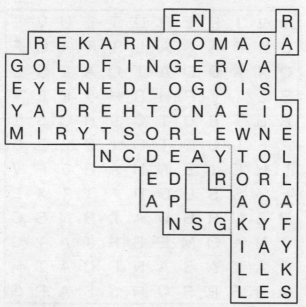

```
                    E N           R
    R E K A R N O O M A C A
    G O L D F I N G E R V A
    E Y E N E D L O G O I S
    Y A D R E H T O N A E I D
    M I R Y T S O R L E W N E
        N C D E A Y T O L
          E D   R O R L L
          A P   A O A A
          N S G K Y F
                I A Y
                L L K
                L E S
```

A VIEW TO A KILL   GOLDFINGER
CASINO ROYALE   MOONRAKER
DIE ANOTHER DAY   SKYFALL
DR NO   SPECTRE
GOLDENEYE

Puzzle 68 Desert Animals

```
T V I P E R U T L U V L
C A R A C A L T T A O F
O X A D D A T O A E S L
B S T L R H R H F P E Y
R B T R U T C L R O S B
A E L C O T O I P L E B
L H E I E W N A R E P V
E Y S S D G R A T T X L
M E N R B D A L R N S C
A N A O M E E R K A T O
C A K A S A N D C A T H
V R E P P O H S S A R G
```

AARDWOLF   GRASSHOPPER   SPRINGBOK
ADDAX   HYENA   TARANTULA
ANTELOPE   LEOPARD   TORTOISE
BEETLE   MEERKAT   VIPER
CAMEL   OSTRICH   VULTURE
CARACAL   RATTLESNAKE
COBRA   SAND CAT

Puzzle 69 Safari Animals

```
N V R H I N O C E R O S
Y R E L E P H A N T U N
A L         Z R O M O E
L E         A E A O N X
A M         E T B I Y L
D U         O A P R I E
T R P L F P B U O O A F
P T A X O F C E N N E F
O O O P K R A V D R A A
E P P M O N G O O S E R
E I I P X E A L A P M I
H J A C K A L L I R O G
```

AARDVARK	IMPALA	ORYX
BABOON	JACKAL	PORCUPINE
ELEPHANT	LEMUR	RHINOCEROS
FENNEC FOX	LEOPARD	TOPI
GIRAFFE	LION	ZEBRA
GORILLA	MONGOOSE	
HIPPOPOTAMUS	NYALA	

Puzzle 70 Types of Soup

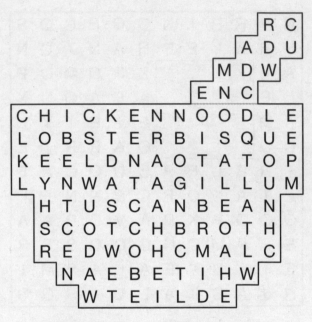

```
                              R  C
                           A  D  U
                        M  D  W
                     E  N  C
C  H  I  C  K  E  N  N  O  O  D  L  E
L  O  B  S  T  E  R  B  I  S  Q  U  E
K  E  E  L  D  N  A  O  T  A  T  O  P
L  Y  N  W  A  T  A  G  I  L  L  U  M
   H  T  U  S  C  A  N  B  E  A  N
   S  C  O  T  C  H  B  R  O  T  H
   R  E  D  W  O  H  C  M  A  L  C
   N  A  E  B  E  T  I  H  W
   W  T  E  I  L  D  E
```

CHICKEN NOODLE	RAMEN
CLAM CHOWDER	SCOTCH BROTH
LOBSTER BISQUE	TUSCAN BEAN
MULLIGATAWNY	WHITE BEAN
POTATO AND LEEK	

Puzzle 71 Water Sports

B	S	W	B	O	A	T	I	N	G	C	B
S	F	A	I	Y	T	L	G	N	A	O	K
N	L	K	A	B	I	N	I	N	D	I	F
O	Y	E	R	Y	I	H	O	Y	T	L	G
R	B	B	C	T	S	E	B	E	O	N	N
K	O	O	F	I	I	O	S	W	I	G	I
E	A	A	F	N	A	U	R	M	I	N	T
L	R	R	G	R	R	I	M	B	K	I	H
L	D	D	D	F	D	I	A	I	D	W	C
I	I	I	I	I	W	G	M	B	Y	O	A
N	N	N	N	S	W	T	W	I	R	R	Y
G	G	G	N	I	V	I	D	P	E	E	D

BOATING	FLOWRIDING	SNORKELLING
BODYBOARDING	FLYBOARDING	SWIMMING
CANOEING	KITESURFING	WAKEBOARDING
DEEP DIVING	RAFTING	YACHTING
FISHING	ROWING	

Puzzle 72 Sleepover Checklist

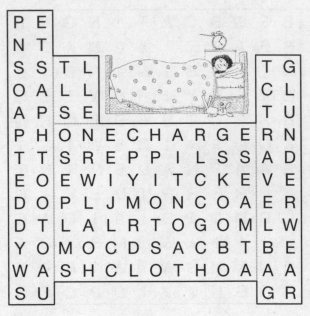

P	E											
N	S	T	L	L						T	G	
S	S	T	L	L						T	G	
O	A	S	L	E						C	L	
A	P	S	E							T	U	
P	H	O	N	E	C	H	A	R	G	E	R	N
T	T	S	R	E	P	P	I	L	S	S	A	D
E	O	E	W	I	Y	I	T	C	K	E	V	E
D	O	P	L	J	M	O	N	C	O	A	E	R
D	T	L	A	L	R	T	O	G	O	M	L	W
Y	O	M	O	C	D	S	A	C	B	T	B	E
W	A	S	H	C	L	O	T	H	O	A	A	A
S	U										G	R

BOOK   PYJAMAS   TOOTHPASTE
COMB   SLEEPING BAG TOP
HAT   SLIPPERS   TORCH
PHONE   SOAP   TRAVEL BAG
CHARGER   SOCKS   UNDERWEAR
PILLOW   TEDDY   WASHCLOTH

Puzzle 73 Hooved Animals

I	G	A	B	U	F	F	A	L	O	T	T
P	E	T	S	E	E	B	E	D	L	I	W
A	X	E	P	O	L	E	T	N	A	A	B
K	Y	E	R	P	U	O	K	M	T	A	R
O	I	C	I	O	N	K	O	E	N	E	K
G	U	A	N	A	C	O	R	T	I	O	G
C	H	M	G	S	S	B	E	N	B	K	N
H	I	E	B	E	U	N	D	S	Y	O	A
I	R	L	O	C	G	E	M	R	R	A	I
T	O	A	K	R	E	E	D	B	U	C	K
A	L	N	N	R	G	T	U	R	I	A	L
L	A	D	E	M	U	S	K	O	X	B	G

ANTELOPE	GAUR	MOOSE	SPRINGBOK
BANTENG	GEMSBOK	MUSK OX	STEENBOK
BUFFALO	GUANACO	OKAPI	URIAL
CAMEL	HIROLA	ONAGER	WATERBUCK
CHITAL	KIANG	REEDBUCK	WILDEBEEST
ELAND	KOUPREY	REINDEER	YAK

Puzzle 74 Eye See You

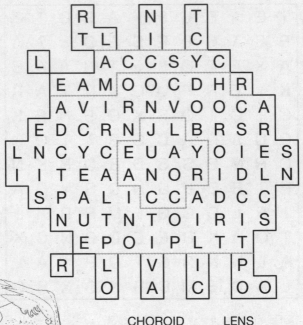

	CHOROID		LENS
	CILIARY BODY		OPTIC DISC
	CONJUNCTIVA		OPTIC NERVE
	CORNEA		PUPIL
	IRIS		RETINA
	LACRIMAL		SCLERA

Puzzle 75 Getting Ready

```
R E N I L E Y E S P O H
E C A R K S S H O B S S
M N A F O S A W O U D U
U A T A T M D D R E A R
F R P L P E Y B O M C B
R G S O R L R D A T R W
E A O P O E O S O P E O
P R U T H R K S H H A R
D F I S A R A C S A M B
F O U N D A T I O N V I
N L T K C I T S P I L E
B S C I T E M S O C N U
```

AFTERSHAVE   CREAM   MASCARA
BLUSHER   DEODORANT   MASK
BRUSH   EYELINER   PERFUME
BODY LOTION   FOUNDATION   POWDER PUFF
BROW BRUSH   FRAGRANCE   SHAMPOO
COSMETICS   LIPSTICK   SOAP

Puzzle 76 Rainy Day Activities

```
      S Y P E
    S C A V W P
    D R L I R P B
  E R A P D I U U
I W A P A E T G I E P
G A C B E O I N L J A P
N S Y O T G N I D L I U B
I G A O A A G S A R N Z G
K I L K E M E S F W T Z P
A J P I R E Z E O G I L W
B N B N C S S R R C N E I
  I I G A K   D T E G S
```

BAKING
BUILD A FORT
BUILDING TOYS
CREATE A PLAY
DRESSING UP
JIGSAW

PAINTING
PLAY CARDS
PUZZLES
SCRAPBOOKING
VIDEO GAMES
WRITING

Puzzle 77 Indoor Sports

```
T  B  A  D  M  I  N  T  O  N  R  Y
A  R  B  I  C  E  H  O  C  K  E  Y
B  T  A  I  G  N  O  G  R  K  A  L
L  A  S  C  N  N  N  D  C  E  L  W
E  E  K  R  K  I  I  O  U  A  T  R
T  K  E  D  X  C  H  V  B  J  E  E
E  W  T  O  A  R  Y  D  I  P  N  S
N  O  B  E  E  R  N  C  O  D  N  T
N  N  A  L  A  A  T  O  L  Y  I  L
I  D  L  U  H  P  L  S  E  I  S  I
S  O  L  O  P  R  E  T  A  W  N  N
R  D  S  C  I  T  S  A  N  M  Y  G
```

BADMINTON	HANDBALL	TABLE TENNIS
BASKETBALL	ICE HOCKEY	TAEKWONDO
BOXING	JUDO	TRACK CYCLING
DARTS	POOL	WATER POLO
DIVING	REAL TENNIS	WRESTLING
GYMNASTICS	ROLLER HOCKEY	

Puzzle 78 Enormous Animals

```
        A F E C
        K W I L O G
      N H O U N A L I
      A I G M I W H O A
      E W U O U H W S N E
      H M   D   A M S T L
    R E C C O   L R A S A H
    R R F I D   E E L Q H N
    D S U F R I   P S U W M
  N T U A A A T   S Q I I L
  L H   O I G R S   U D E A
  Q T   O O S I O I L S
  Q       N L R G D
```

COLOSSAL	GIANT SQUID	SEI WHALE
SQUID	GIRAFFE	SPERM WHALE
EMU	KOMODO	
FIN WHALE	DRAGON	
GAUR	OSTRICH	

Puzzle 79 Tiny Animals

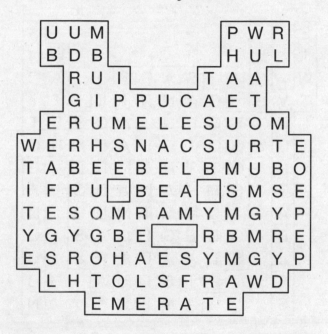

```
U U M         P W R
B D B         H U L
R U I     T A A
G I P P U C A E T
  E R U M E L E S U O M
W E R H S N A C S U R T E
T A B E E B E L B M U B O
I F P U   B E A   S M S E
T E S O M R A M Y M G Y P
Y G Y G B E     R B M R E
E S R O H A E S Y M G Y P
L H T O L S F R A W D
    E M E R A T E
```

BAT	MOUSE LEMUR	PYGMY
BUMBLEBEE	PUDU	SEAHORSE
DWARF SLOTH	PYGMY	TEACUP PIG
ETRUSCAN	MARMOSET	
SHREW		

Puzzle 80 Food Groups

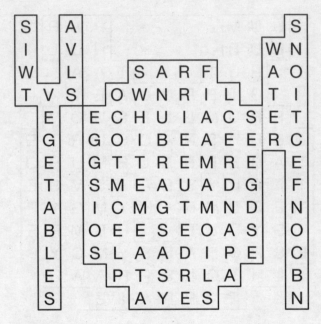

BEANS   GRAINS   RICE

CEREAL   LEGUMES   VEGETABLES

CONFECTIONS   OILS   WATER

DAIRY   PASTA   WHITE MEAT

EGGS   POTATOES

FRUITS   RED MEAT

Puzzle 81 Eggcellent Recipes

```
E F R I E D E G G D P S
E G G F R I E D R I C E
P B G L L O E A C R S E
O A L S I N T K A I T B
A K L N B S L M A T O E
C E O L U E B N E I G H
H D R C D L N L L O E C
E E G E E O E E N O D I
D G G D Y M D G D R G U
E G E A O E G C G I D Q
G G M G G E H C T O C S
G N D G A L L I T R O T
```

BAKED EGG
BOILED EGG
EGG CUSTARD
EGG-FRIED RICE
EGGNOG
EGG ROLL

EGGS BENEDICT
FRIED EGG
MAYONNAISE
OMELETTE
PICKLED EGG
POACHED EGG

QUICHE
SCOTCH EGG
SCRAMBLED
EGG
TORTILLA

Puzzle 82 Going on Holiday

```
E N P A C K I N G
R S E H T O L C B
T A           S U
M U S I C P L A Y E R K R
M I E U C L L H A N G P E
S P S G I K A R T O L A G
W L S K A T E K O H A S R
E A A C O M C T A P R S A
E Y L R A O E A S D A P H
T L G C Y H B S S A L O C
S I N B E A C H W E A R A
U S U N B L O C K H R T O
M T S E N I C I D E M R C
```

BEACHWEAR	CHARGER	MEDICINES	SUITCASE
BOOKS	CLOTHES	MUSIC	SUNBLOCK
BURGLAR	COACH	PLAYER	SUNGLASSES
ALARM	GAMES	PACKING	SWEETS
CAMERA	HAT	PASSPORT	TICKETS
CAR	HEADPHONES	PLAYLIST	

Puzzle 83 Unusual Colours

E	L	A	O	C	R	A	H	C	E	Y	C
B	I	I	R	H	I	O	C	H	R	E	E
O	N	L	A	O	N	N	L	A	R	C	R
N	C	O	N	C	D	T	N	I	H	Y	U
Y	A	N	I	O	H	A	S	A	V	E	L
O	R	G	L	L	C	E	R	U	M	E	E
D	N	A	I	A	I	T	S	B	R	O	A
A	A	M	N	T	R	M	E	T	A	C	N
C	D	C	U	E	Y	O	R	P	N	L	E
O	I	A	U	V	A	D	C	E	U	U	U
V	N	S	A	F	F	R	O	N	V	A	T
A	E	N	I	R	A	M	A	U	Q	A	T

ANIL
AQUAMARINE
AVOCADO
CANARY
CERISE
CERULEAN

CHARCOAL
CHARTREUSE
CHESTNUT
CHOCOLATE
CINNAMON
CORAL

EBONY
ECRU
INCARNADINE
LABRADOR
MAGNOLIA
NAVY

OCHRE
OLIVE
RUST
SAFFRON
TAUPE
VERMILION

Puzzle 84 Units of Weight

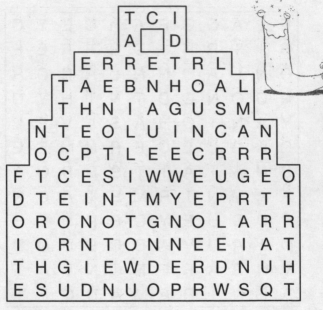

```
      T C I
      A   D
    E R R E T R L
  T A E B N H O A L
  T H N I A G U S M
  N T E O L U I N C A N
  O C P T L E E C R R R
F T C E S I W W E U G E O
D T E I N T M Y E P R T T
O R O N O T G N O L A R R
I O R N T O N N E E I A T
T H G I E W D E R D N U H
E S U D N U O P R W S Q T
```

CARAT	LIBRA	QUARTER
CENTNER	LONG TON	SCRUPLE
DOITE	MITE	SHORT TON
DRAM	NEWTON	SLUG
FOTHER	OUNCE	STONE
GRAIN	PENNYWEIGHT	TONNE
GRAM	POINT	
HUNDREDWEIGHT	POUND	

Puzzle 85 Ways of Cooking

```
P S Y L T T E K O M S E
O T G R I D D L E P K L
A B O R F O E A D A B U
C H E V I H B E B D P R
H S C L E L S V P E O B
B Y A N B N L A L F T C
F R T U A M R W L E R I
L F A S T L A O C F O Y
A R E U C E B R A B A W
M I W H A T A C C S S E
B T S A O R T I P S T T
E S I A R B R M A E T S
```

BAKE	DEEP-FRY	POACH	STEW
BARBECUE	FLAMBE	POT-ROAST	STIR-FRY
BLANCH	FLASH-FRY	SAUTE	SWEAT
BOIL	GRIDDLE	SCRAMBLE	
BRAISE	GRILL	SMOKE	
BRULE	MICROWAVE	SPIT-ROAST	
CODDLE	OVEN-ROAST	STEAM	

Puzzle 86 Flying Animals

```
I  I  N  S  E  C  T  S  D  I  D  I
D  K  F  C  G  A  N  O  N  R  F  Y
C  I  F  L  B  N  N  K  A  U  N  F
I  S  U  L  Y  I  A  C  H  M  S  D
N  E  D  Q  Q  I  O  E  R  E  I  Q
I  N  A  R  S  L  N  G  D  L  Q  B
N  L  E  S  I  G  N  G  F  G  I  S
B  N  S  Z  S  B  N  N  F  N  I  D
E  K  A  N  S  G  N  I  D  I  L  G
L  R  Y  F  L  F  S  Y  Y  Y  S  K
D  A  L  C  L  E  I  L  G  L  D  H
G  C  Q  G  G  R  D  F  G  F  F  D
```

BAT
BIRDS
DRACO LIZARD
FLYING FISH
FLYING GECKO

FLYING LEMUR
FLYING SQUID
GLIDING SNAKE
INSECTS

Puzzle 87 Tallest Buildings

```
A  J        R           R
Z  I     J  E  R        Z  E
A  N        W        A  R  W
L  M     O  O     A     M  E  O
P  A     T  T     E  R  R  W  T
L  O     O  R  S  O  E     R  O  I
A  T     S  R  A  T  T  E  E  T  A
R  O  R  E  T  N  E  C  N  O  A  S  H
T  W  W  E  E  O  P  E  M  N  S  I  G
N  E  N  C  A  R  O  O  H  W  W  L  N
E  R  E  W  O  T  A  R  M  A  H  L  A
C  H  R  O  S  E  T  O  W  E  R  I  H
T  T  R  U  M  P  T  O  W  E  R  W  S
```

AL HAMRA   PETRONAS   WILLIS TOWER
  TOWER   TOWER
AON CENTER   ROSE TOWER
CENTRAL   SHANGHAI
  PLAZA   TOWER
JIN MAO   THE CENTER
  TOWER   TRUMP TOWER

Puzzle 88 Unusual Sports

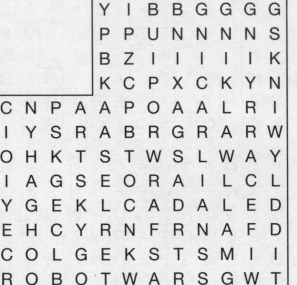

```
        Y  I  B  B  G  G  G  G
        P  P  U  N  N  N  S
        B  Z  I  I  I  I  K
        K  C  P  X  C  K  Y  N
  C  N  P  A  A  P  O  A  A  L  R  I
  I  Y  S  R  A  B  R  G  R  A  R  W
  O  H  K  T  S  T  W  S  L  W  A  Y
  I  A  G  S  E  O  R  A  I  L  C  L
  Y  G  E  K  L  C  A  D  A  L  E  D
  E  H  C  Y  R  N  F  R  N  A  F  D
  C  O  L  G  E  K  S  T  S  M  I  I
  R  O  B  O  T  W  A  R  S  G  W  T
```

BUZKASHI   ROBOT WARS   TIDDLYWINKS
CHESS BOXING   ROCKET   WIFE-CARRYING
EGG TAPPING   RACING   YAK RACING
MALL WALKING   SNAIL RACING

Puzzle 89 Toiletries

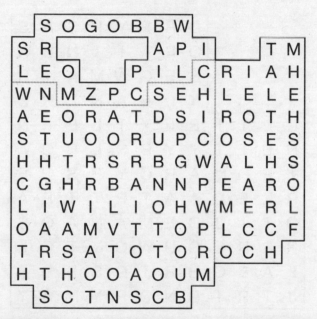

```
    S O G O B B W
S R         A P I     T M
  L E O   P I L C R I A H
W N M Z P C S E H L E L E
A E O R A T D S I R O T H
S T U O O R U P C O S E S
H H T R S R B G W A L H S
C G H R B A N N P E A R O
L I W I L I O H W M E R L
O A A M V T T O P L C C F
T R S A T O T O R O C H
H T H O O A O U M
  S C T N S C B
```

BRUSH	HAIR CLIP	SHAVING CREAM
COMB	LIPBALM	SOAP
COTTON BUDS	MIRROR	STRAIGHTENERS
COTTON WOOL	MOUTHWASH	TOOTHPASTE
CURLERS	RAZOR	TOWEL
FLOSS	SHAMPOO	WASHCLOTH

Puzzle 90 Fictional Sidekicks

```
D R F Y P S A S
O P A I I N S W
N E G W M K I R
K L E A N L R O
R E T I E L X I L E F N
N L T T Y Y B S L R O W
I E O M A R C Y E S O E
B K E D A A T P T T B A
O T I J R E M A N A O S
R R R L S U W O Y T O L
F A E O H R T O S E B E
J T R T D N O P Y M A Y
```

AMY POND	FRIDAY	ROSE TYLER
BOO-BOO	JAR JAR BINKS	THUMPER
DONKEY	LEWIS	TONTO
DR WATSON	PIGLET	WILL SCARLET
ELEKTRA	ROBIN	
FELIX LEITER	RON WEASLEY	

Puzzle 91 Dinosaurs

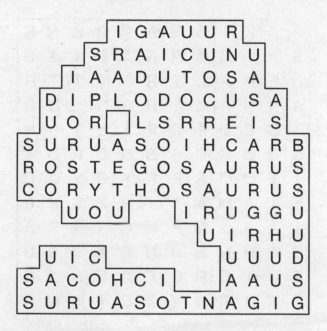

```
        I G A U U R
      S R A I C U N U
      I A A D U T O S A
    D I P L O D O C U S A
    U O R   L S R R E I S
  S U R U A S O I H C A R B
  R O S T E G O S A U R U S
  C O R Y T H O S A U R U S
      U O U     I R U G G U
              U I R H U
    U I C       U U U D
  S A C O H C I   A A U S
  S U R U A S O T N A G I G
```

ALLOSAURUS
BRACHIOSAURUS
CORYTHOSAURUS
DIPLODOCUS
GIGANTOSAURUS
STEGOSAURUS

Puzzle 92 Asian Countries

```
P A K I S T A N Q K N N
S A U D I A R A B I A S
N E P A L I R T I T T A
A K N A L I R S S A U P
T S E N I P P I L I H P
S J O R D A N N Q R B I
I T O O S E A A O Y A C
K I A M M I T H R S H L
I A A K D A K G Y I R A
J W R N R A N F N D A O
A U I E R O P A G N I S
T K Y R G Y Z S T A N N
```

AFGHANISTAN	KUWAIT	SAUDI ARABIA
BAHRAIN	KYRGYZSTAN	SINGAPORE
BHUTAN	LAOS	SRI LANKA
CHINA	NEPAL	SYRIA
INDIA	OMAN	TAJIKISTAN
IRAN	PAKISTAN	TURKMENISTAN
IRAQ	PHILIPPINES	
JORDAN	QATAR	

Puzzle 93 Clothing Accessories

E	S	K	N	I	L	F	F	U	C	E	W
N	V	D	P	I	L	C	E	I	T	P	A
I	U	O	N	N	L	U	I	J	L	A	L
P	A	Y	L	U	A	M	H	C	O	U	K
L	R	R	L	G	B	B	C	B	O	L	I
E	M	E	S	P	O	R	R	A	N	E	N
P	B	L	A	O	E	E	E	U	P	T	G
A	A	L	S	I	H	L	K	M	T	T	S
L	N	E	H	T	F	L	D	J	M	E	T
A	D	W	A	A	C	A	N	E	E	U	I
M	I	E	N	I	P	R	A	L	L	O	C
G	F	J	W	A	T	C	H	F	R	O	K

ARMBAND	FAN	SPORRAN
CANE	FEATHER BOA	TIE CLIP
CAP	GLOVE	TURBAN
COLLAR PIN	HANDKERCHIEF	UMBRELLA
CUFFLINKS	JEWELLERY	WALKING STICK
CUMMERBUND	LAPEL PIN	WATCH
EPAULETTE	SASH	WIG

Puzzle 94 Evergreen Trees

```
I  O  R  A  N  G  E  T  R  E  E  E
T  T  I  P  O  U  F  S  N  C  C  D
R  A  F  I  E  E  F  U  O  U  I  O
I  U  M  N  N  N  R  T  R  R  I  U
F  N  A  Y  I  I  A  P  D  P  A  G
E  T  S  O  P  P  S  Y  M  S  K  L
T  O  L  N  S  E  I  L  A  Y  A  A
I  N  A  P  T  T  E  A  N  A  O  S
H  Y  B  I  O  I  R  C  N  W  E  F
W  E  H  N  C  H  F  U  F  R  V  I
E  W  S  E  S  W  I  E  I  O  I  R
I  Y  L  L  O  H  R  S  R  N  L  F
```

BALSAM FIR	NORWAY	WHITE FIR
DOUGLAS FIR	SPRUCE	WHITE PINE
EUCALYPTUS	ORANGE	WHITE
FRASIER FIR	TREE	SPRUCE
HOLLY	PINYON PINE	
LIVE OAK	SCOTS PINE	
NORDMANN	TAUNTON	
FIR	YEW	

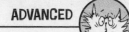
Puzzle 95 Art Equipment

S	R	U	O	L	O	C	R	E	T	A	W
P	N	C	E	S	I	P	A	Y	M	S	I
E	I	O	I	I	L	R	U	E	U	L	G
N	C	G	B	S	P	I	T	T	L	E	F
S	S	L	M	B	A	M	C	A	M	T	S
E	E	A	A	E	I	E	K	N	I	S	N
S	E	S	T	Y	N	R	R	L	E	A	S
E	A	S	H	E	T	T	E	L	A	P	I
A	H	B	R	U	S	H	E	S	O	H	S
F	I	X	E	R	S	A	V	N	A	C	C
N	O	Y	A	R	C	P	G	P	S	R	A
B	T	C	D	T	R	E	P	A	P	M	E

BRUSHES	GLASS	PENS
CANVAS	GLUE	PIGMENT
CHALK	INK	PRIMER
CLAY	OIL PAINTS	RIBBON
CRAYON	PALETTE	SPONGE
ERASER	PAPER	THREAD
FELT-TIPS	PASTELS	WATERCOLOURS
FIXER	PENCILS	

Puzzle 96 Emotions

```
S N O I T A N I M O B A
S S E N R E T T I B P S
E I E R O H R A E P L G
R C U N G I I G R I N Y
T H N I L R T E E I R T
S W L A O U H C R R H E
I E O H N E F E E G T I
D S P N N G F K I F H X
O U D S D F U R N X F N
E I I N U E F P A A B A
N O I S S E R P E D H L
N O I T A R T S U R F T
```

ABOMINATION	DEPRESSION	REPUGNANCE
AFFECTION	DISTRESS	SUFFERING
ANXIETY	EUPHORIA	THANKFULNESS
APPREHENSION	FRIGHT	WONDER
BITTERNESS	FRUSTRATION	
DELIGHT	REGRET	

Puzzle 97 Star Signs

```
S O O H H C E P E R T W
N O I P R O C S E H T H
O L T G H E B H E H B E
I L S E L A C S E H T H
L U E E R R E M W T H S
E B L C A A A C E E E I
H E E E G I        T F
T H H O D R        W E
T T A E I P        I H
L T N H C T        N T
L E E B S I N H O B S N
T W H A O R T H E R A M
```

THE ARCHER   THE LION   THE
THE BULL   THE MAIDEN   SCORPION
THE CRAB   THE RAM   THE SEA-GOAT
THE FISH   THE SCALES   THE TWINS

Puzzle 98 Lakes and Lochs

A	W	I	A	B	E	L	F	A	S	T	V
S	N	I	C	A	R	A	G	U	A	I	E
S	Y	A	N	E	T	O	O	K	C	R	H
E	A	T	Y	D	A	E	M	T	U	E	C
N	S	L	C	T	E	A	O	R	R	G	O
A	A	O	E	E	V	R	O	E	E	R	N
G	N	V	N	E	I	I	M	K	W	A	N
A	K	M	N	A	R	L	U	E	M	S	A
N	L	E	A	E	R	Y	E	E	R	M	R
A	G	E	P	I	N	N	I	W	I	E	O
K	R	U	H	I	L	T	T	N	A	R	I
O	S	T	O	R	R	I	D	O	N	E	E

ANNECY	ILIAMNA	NYASA	VICTORIA
BELFAST	KOOTENAY	OKANAGAN	VOLTA
ERIE	MEAD	RANNOCH	WINDERMERE
EYRE	MWERU	SUPERIOR	WINNIPEG
GENEVA	NESS	THIRLMERE	
GRASMERE	NICARAGUA	TORRIDON	

Puzzle 99 Sports Equipment

```
T K S W I M T R U N K S
C B C G O A L P O S T D
P S O I T S S U I H H A
M H U X T R K K C U E P
U R U C I S A I A T L W
T S A R S N Y I S T M O
S E T C D I G E N L E B
I C N A K L D G K E T L
        C E E T L C R E
        U V T D L O O S
        P A A U A C V H
        P J B A B K Y E
```

BALL	ELBOW PADS	NET	STUMP
BAT	GOALPOST	PUCK	SWIM TRUNKS
BOXING GLOVE	HELMET	RACKET	TEE
CLUB	HOCKEY STICK	SHUTTLECOCK	TRAINERS
CUE	HURDLE	SKATE	
DISCUS	JAVELIN	SKIS	

Puzzle 100 Gone Camping

```
P O T S A N D P A N S G
C T P N R E T N A L A A
H E I S C K K V N S T S
A N C K R A A A C O O C
R O N G D R M O T M H A
C T I F A I O P R S C N
O I C C T K A E S E R I
A U T N E T H T E I O S
L Q A R P T F A S G T T
K S B B R E L I A R T E
F O L D I N G C H A I R
M M E Y A R P S G U B F
```

BUG SPRAY
CAMPSITE
CARAVAN
CHARCOAL
FIRST-AID KIT
FOLDING
 CHAIR

GAS CANISTER
GAS COOKER
LANTERN
MOSQUITO NET
PEGS
PICNIC TABLE
POTS AND PANS

STAKE
TENT
THERMOS
TORCH
TRAILER

Puzzle 101 Royal Families

```
T B O U R B O N U V U S
C E A H A B S B U R G I
B O N A P A R T E W T O
X O T E P A C T Y R T L
E R N N G L S N A T U A
S O O R E A E U O O N V
S D R S C D T M J G O B
E U M N D S A N E N O L
W T A Y L N A V A S R O
U L N O G R I M A L D I
R N D R D N O W R S P S
V Y Y K X R E V O N A H
```

ANGEVIN	GWYNEDD	ROMANOV
ANJOU	HABSBURG	STUART
BLOIS	HANOVER	TUDOR
BONAPARTE	LANCASTER	VALOIS
BOURBON	NORMANDY	WESSEX
CAPET	OTTOMAN	WINDSOR
GRIMALDI	PLANTAGENET	YORK

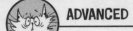

Puzzle 102 Types of Door

```
B F C G N I D I L S I G
N A I Y T E F A S E B A
G E R R G G N I L L O R
P D E N E T T A B F I D
A A I Y K V E H I C L E
N H T T C C O O I L A N
E L B I S P A L L O C G
L E R R O Y T B V S N A
L D A U T O M A T I C R
E G C C S O C A W N N A
D E E E E D I S L G D G
W D D S O F R O N T G E
```

AUTOMATIC
BACK
BARN
BATTENED
FIRE
FRONT
GARAGE

GARDEN
HINGED
LEDGED
PANELLED
PATIO
REVOLVING
ROLLING

SAFETY
SECURITY
SELF CLOSING
SIDE
SLIDING
SWING
VEHICLE

Puzzle 103 Skiing

```
T R L H S U L S T G T I
S E T S I P F F O U G K
B D G F E N I G L N L S
C W A X I L G L I I S S
A O S G R L I D F T N E
B P A I E H N T O O R R
L T A S N I P O W K E P
E H I W B A B B T A D A
C R O S S C O U N T R Y
A D E S S A V E R C U C
R G N U R K C A L B N B
T E G D E I A E R I A L
```

AERIAL	CABLE CAR	EDGE	RED RUN
APRES-SKI	CHAIR LIFT	GATE	SLUSH
BINDING	CREVASSE	GOGGLES	SNOWBOARD
BLACK RUN	CROSS	LIFT PASS	WAX
BOOTS	COUNTRY	OFF PISTE	
BUTTON LIFT	DOWNHILL	POWDER	

Puzzle 104 Endangered Animals

R	A	M	U	R	L	E	O	P	A	R	D
S	E	A	S	E	I	W	H	A	L	E	E
E	N	G	A	G	A				G	L	
O	E	O	I	I	N				I	A	
S	R	Z	W	T	S				T	H	
E	O	A	N	L	N				R	W	
A	O	B	N	A	E	A	U	L	E	U	E
L	Z	S	O	G	P	O	Y	O	E	M	U
I	I	A	T	N	U	M	P	A	E	A	L
O	T	O	R	E	O	T	I	A	L	A	B
N	O	L	N	B	A	B	A	H	R	A	E
S	P	A	N	G	O	L	I	N	C	D	M

AMUR   CHIMPANZEE   SEA LIONS
LEOPARD   MALAYAN   SEI WHALE
AMUR TIGER   TIGER   SNOW
BENGAL TIGER ORANGUTAN   LEOPARD
BLUE WHALE   PANGOLIN
BONOBO   SAOLA

Puzzle 105 Religions

```
T N O T N I H S T A A C
A H I N D U I S M N O A
O T S A I K I O G N C T
I I M S H T R L F C B H
S I L I P M I U I T U O
M A S A O C C W T E D L
M M B N A I W S A N D I
Y T I N A I T S I R H C
M S I N I V L A C I I I
M S I D O H T E M K S S
M S I R E K A U Q Y M M
M S I N I A J M T O S H
```

ANGLICANISM	CONFUCIANISM	QUAKERISM
BAPTIST	HINDUISM	SHINTO
BUDDHISM	ISLAM	SIKHISM
CALVINISM	JAINISM	TAOISM
CATHOLICISM	METHODISM	TENRIKYO
CHRISTIANITY	MORMONISM	WICCA

Puzzle 106 Fancy Dress

```
L P V A M P I R E D N R
W R E S T L E R R U E G
R E     D O R T H E
O N     L S S O L C
L O     E N S B O O
I I     O T A O S W
A T F I L M S T A R A B
S U P E R H E R O R A O
E C D R E G I T R E I Y
O E S S E C N I R P W P
L X S V S N O O T R A C
A E A A E R A T S P O P
```

CARTOON	NURSE	TIGER
COWBOY	PIRATE	VAMPIRE
EXECUTIONER	POP STAR	VEGETABLE
FILM STAR	PRINCESS	WARRIOR
GHOST	ROBOT	WRESTLER
LORD	SAILOR	
MONSTER	SUPERHERO	

Puzzle 107 Natural Wonders

```
S T N E V A E S P E E D
D P D A A T U D A K A K
L T A H A L O N G B A Y
E V A C G N O O D N O S
L R F E E R A E S D E R
O N I T U C I R A P N F
E S J E J U I S L A N D
O D N N I L E R I V E R
T R E S E D A R A H A S
D N U O S D R O F L I M
D N A L S I O D O M O K
E O E A E S D A E D K P
```

DEAD SEA
DEEP SEA
VENTS
HALONG BAY
JEJU ISLAND
KAKADU
PARICUTIN

KOMODO
ISLAND
MILFORD
SOUND
NILE RIVER
POLAR ICE
CAPS

RED SEA REEF
SAHARA
DESERT
SON DOONG
CAVE

Puzzle 108 Ancient Wonders

```
M S R C S R T E R M D E
O R C A L E S S G A G C
A U A S N W E U R N O A
I A T T M O I O E G C T
S S A L A T R H A K O H
T O C E U G E T T O L E
A N O S S N T H W R O D
T I M T O I S G A W S R
U D B T L N A I L A S A
E O S D E A N L L T E L
S T A T U E O F Z E U S
L W H E M L M H S W M C
```

ANGKOR WAT   GREAT WALL   MONASTERIES
CASTLES   LEANING   STATUE OF
CATACOMBS   TOWER   ZEUS
CATHEDRALS   LIGHTHOUSE   STONEHENGE
COLOSSEUM   MAUSOLEUM
DINOSAURS   MOAI STATUES

Puzzle 109 Fast-moving Animals

```
A N N G F F C S R G H S
L N R O H G N O R P D S
Y N C L C T K R R R A B
L E S D H L H R I I R S
F P W E E T A B L O N P
E I O N E C E F W I E R
S G R E T T I N R R O I
R E D A A S H R K Y W N
O O F G H A N R S S G G
H N I L R A M K C A L B
T R S E A H C I R T S O
F B H B L A C K B U C K
```

BLACKBUCK   GYRFALCON   SPRINGBOK
BLACK MARLIN   HORSEFLY   SWORDFISH
BROWN HARE   LION
CHEETAH   OSTRICH
ELK   PIGEON
FRIGATE BIRD   PRONGHORN
GOLDEN EAGLE   SAIL FISH

Puzzle 110 In the Forest

```
S  L  M  S  B  U  R  H  S  S  S  G
I  L  O  R  T  L  S  A  N  S  Y  R
G  N  S  G  Q  N  U  R  E  S  F  S
R  T  S  S  S  L  E  V  F  M  L  E
A  K  R  E  L  F  A  D  R  O  O  V
S  R  E  K  C  E  P  D  O  O  W  L
S  R  D  A  L  T  R  T  G  R  E  O
T  N  I  N  D  H  S  R  S  H  R  W
S  V  P  S  O  D  D  O  I  S  S  L
Y  A  S  M  A  E  R  T  S  U  E  S
A  Y  O  O  S  E  I  B  E  M  Q  S
R  E  T  A  U  R  B  F  O  X  E  S
```

BIRDS	GRASS	MUSHROOMS	SQUIRRELS
DEER	INSECTS	OWLS	STREAMS
FERNS	IVY	RODENTS	TOADSTOOLS
FLOWERS	LEAVES	SHRUBS	TREES
FOXES	LOGS	SNAKES	WOLVES
FROGS	MOSS	SPIDERS	WOODPECKERS

Puzzle 111 Gadgets

```
K O G A B T C A E A N E
L A P T O P R O S O P S
A R S R O E E C I E R E
E E T N N W L S D E E G
L M R N A C I O K O D W
R A A T H V M A P R R A
E C C T E E E R O T O Y
S H K L T P I N E A C B
A N E E S N E B P B M V
S T R O T A L U C L A C
R A I E E A R P I E C E
E Y R P R E V A N T A S
```

CALCULATOR	LAPTOP	SPEAKERS
CAMCORDER	PEDOMETER	TABLET
CAMERA	PRINTER	TELEVISION
DRONE	SATNAV	WATCH
EARPIECE	SCANNER	
GPS TRACKER	SEGWAY	

Puzzle 112 All About Japan

```
I  K  I  H  P  S  A  S  H  I  M  I
E  A  N  I  M  E  P  U  A  V  S  K
S  T  E  R  I  Y  A  K  I  U  I  A
Y  A  O  A  K  S  P  D  K  K  H  R
I  K  R  G  P  A  E  A  T  E  D  A
A  A  I  A  G  O  R  E  I  N  D  O
R  N  G  N  G  N  M  U  H  D  U  K
U  A  A  A  U  P  A  U  P  O  B  E
M  M  M  B  L  E  K  A  S  M  N  E
A  E  I  E  U  K  I  Y  O  E  E  E
S  U  S  T  U  J  N  E  K  O  Z  T
A  C  A  L  L  I  G  R  A  P  H  Y
```

ANIME	KENDO	SAKE	TERIYAKI
BUNRAKU	KENJUTSU	SAMURAI	UKIYO-E
CALLIGRAPHY	MANGA	SASHIMI	VIDEO GAMES
HIRAGANA	NOH	SUMO	ZEN
KARAOKE	ORIGAMI	TEMPLES	BUDDHISM
KATAKANA	PAPERMAKING	TEMPURA	

Puzzle 113 Hairstyles

I	P	O	R	C	N	O	T	E	T	P	F
U	E	V	I	H	E	E	B	U	O	R	C
S	X	S	R	V	D	W	C	N	O	P	R
N	T	O	E	O	R	R	Y	S	U	E	O
G	E	H	C	V	E	T	T	B	V	B	P
G	N	U	G	P	A	E	O	O	U	R	P
N	S	O	A	I	D	W	B	T	A	U	E
I	I	T	L	T	L	M	C	F	R	S	D
T	O	H	I	C	O	H	R	R	P	H	T
R	N	P	U	C	C	O	G	I	R	C	M
A	S	T	R	U	K	O	K	I	I	U	P
P	N	P	T	X	S	Y	I	H	H	T	B

AFRO   COMB OVER   LONG
BEEHIVE   CROPPED   PARTING
BOWL CUT   DREADLOCKS   PONYTAIL
BRUSH CUT   ETON CROP   SPIKY
BUN   EXTENSIONS   TAPER CUT
BURR   FROSTED TIPS   WAVES
BUTCH CUT   HIGHLIGHTS

Puzzle 114 Children's Authors

```
Y R D W A T T E N R U B
S E V A E R G R A H A L
E I Y R S E U S S L A A
L H W L S H G V L N P N
T V T E L P N A D C S O
O R G I L O N E O I E S
L O A H M T R L R M M D
K W R V Y S L R U W A L
I L N N E I G R A H H A
E I E N N R P N L C A N
N N R S N H S M I E R O
C G H E Y C A E S K G D
```

ANDERSEN	DAHL	LEWIS
AWDRY	DASHNER	MURPHY
BALLANTYNE	DONALDSON	ROWLING
BURNETT	GARNER	SEUSS
CARROLL	GRAHAME	TOLKIEN
CHRISTOPHER	HARGREAVES	TRAVERS
COLLINS	KING-SMITH	

Puzzle 115 Gods

```
U A Z U A J P E Y I I N
Y K N E P T U N E T O A
A I O R U K S P A D M J
M Z L K U S R W I U S L
E A L W I O S E R T H N
V N O Y S A S A U R E N
A A P H R O D I T E R R
R G A A P U N D R I M O
U I S I E K C U A I E H
O I N I T A V R A P S T
A M A R S L G G E A B W
U A N U B I S A M M I G
```

ANUBIS	ISIS	OSIRIS
APHRODITE	IZANAGI	PARVATI
APOLLO	JUPITER	POSEIDON
DAIKOKU	KALI	SARASWATI
DARUMA	MARS	THOR
DURGA	MERCURY	ZEUS
HERMES	NEPTUNE	

Puzzle 116 On the Bed

D	C	Q	E	L	H	G	M	W	N	S	N
U	L	S	U	E	N	A	O	O	D	S	P
V	O	E	C	I	T	L	I	R	A	R	M
E	T	I	D	T	L	H	O	M	E	E	A
T	H	D	R	I	S	T	A	G	R	V	L
N	E	E	P	U	C	J	N	B	P	O	G
B	S	R	C	E	Y	A	L	R	S	W	N
S	M	D	T	P	H	A	H	U	D	O	I
N	W	O	G	G	N	I	S	S	E	R	D
R	R	W	C	K	O	N	P	H	B	H	A
P	D	N	E	A	E	S	H	E	E	T	E
I	A	T	T	E	D	D	Y	B	E	A	R

BEDDING	DRESSING	PROTECTOR
BEDSPREAD	GOWN	PYJAMAS
BLANKET	DUVET	QUILT
BRUSH	EIDERDOWN	READING LAMP
CLOTHES	HANGER	SHEET
COMB	MATTRESS	TEDDY BEAR
CUSHION	PILLOW	THROWOVER

Level Four:
Ace Puzzlers

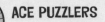

Puzzle 117 Paralympic Events

```
L L L A B T O O F P K B L R
V L L A B Y E L L O V P O S
N A N S C I T E L H T A T G
G B E D S L O I Y C D R T N
N L Q O A I H R C C A A N I
I A U D B A E S Y C B T Y T
L O E U E H W C K L G R A O
I G S J C I L C E N E I V O
A R T T M I Y T I H C A L H
S O R M N C E W C C G T A S
O A I G L N O R O N L H C R
D N A I N R A B C S S L L L
G G N I T F I L R E W O P R
L G S P A P A R A C A N O E
```

ARCHERY
ATHLETICS
BOCCIA
DARTCHERY
EQUESTRIAN
FOOTBALL
GOALBALL

JUDO
PARACANOE
PARATRIATHLON
POWERLIFTING
ROAD CYCLING
ROWING
SAILING

SHOOTING
SWIMMING
TABLE TENNIS
TRACK CYCLING
VOLLEYBALL

Puzzle 118 Bread Loaves

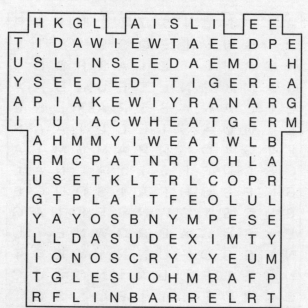

```
H K G L   A I S L I   E E
T I D A W I E W T A E E D P E
U S L I N S E E D A E M D L H
Y S E E D E D T T I G E R E A
A P I A K E W I Y R A N A R G
I I U I A C W H E A T G E R M
  A H M M Y I W E A T W L B
  R M C P A T N R P O H L A
  U S E T K L T R L C O P R
  G T P L A I T F E O L U L
  Y A Y O S B N Y M P E S E
  L L D A S U D E X I M T Y
  I O N O S C R Y Y Y E U M
  T G L E S U O H M R A F P
  R F L I N B A R R E L R T
```

ARTISAN	COTTAGE	PLAIT	SOYA
BARLEY	FARMHOUSE	PUMPERNICKEL	SUNFLOWER
BARREL	GRANARY	PUMPKIN	TIGER
BATCH	LINSEED	RYE	WHEATGERM
BLOOMER	MALTY	SEEDED	WHITE
CHIA	MIXED	SODA	WHOLEMEAL

Puzzle 119 Waterfalls

```
R E T P L I T V I C E T S R
C T G U L L F O S S T T T I
K M R U E T E I A K R D C U
J A M K G N L T E U N B A A
E L O A N A E T P A A L R J
L L N O A S I E L L I A A S
F I G K O M N R A H G M T A
O B E U E F E I I A E N A L
S M F S O H F A I S O U C E
S U O S T O W N B E K I A G
E Y S U S A B R O W N E T U
N E S S O F U N N I V K C T
N K E E R C L A I N O L O C
C N N D E T T I F O S S G I
```

ANGEL
BALAIFOSSEN
BROWNE
COLONIAL CREEK
DETTIFOSS
GOCTA CATARACTS
GULLFOSS

JAMES BRUCE
KAIETEUR
KJELFOSSEN
MONGEFOSSEN
NIAGARA
PLITVICE
PU'UKA'OKU

STRUPENFOSSEN
SUTHERLAND
TUGELA
VINNUFOSSEN
WAIHILAU
YOSEMITE
YUMBILLA

Puzzle 120 Bakery Products

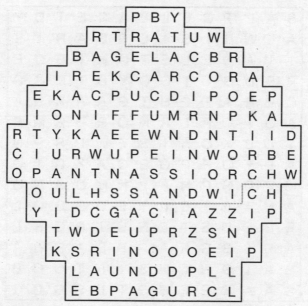

```
            P B Y
        R T R A T U W
      B A G E L A C B R
    I R E K C A R C O R A
  E K A C P U C D I P O E P
  I O N I F F U M R N P K A
R T Y K A E E W N D N T I I D
C I U R W U P E I N W O R B E
O P A N T N A S S I O R C H W
  O U L H S S A N D W I C H
  Y I D C G A C I A Z Z I P
    T W D E U P R Z S N P
    K S R I N O O O E I P
      L A U N D D P L L
      E B P A G U R C L
```

BAGEL	CUPCAKE	PIZZA
BREAD	DOUGHNUT	PUDDING
BROWNIE	ECLAIR	ROLL
BUN	MUFFIN	SANDWICH
COOKIE	PASTRY	TART
CRACKER	PASTY	WRAP
CROISSANT	PIE	

Puzzle 121 Origami Models

```
S  A  L  T  C  E  L  L  A  R  E  T  D  Y
A  L  W  R  I  S  A  L  P  S  A  R  I  S
I  I  W  A  L  L  E  T  U  H  I  B  Q  E
R  E  D  D  T  T  O  O  Y  B  T  U  J  S
C  P  R  I  T  E  H  T  G  A  A  R  U  A
A  O  I  T  F  L  R  N  O  R  E  B  M  B
T  L  B  I  O  A  I  B  E  W  L  S  P  N
A  E  Y  O  P  P  G  B  O  A  X  D  I  O
M  V  D  N  P  N  A  L  N  M  O  S  N  O
A  N  A  A  I  S  F  T  E  C  B  S  G  L
R  E  L  L  E  T  E  N  U  T  R  O  F  L
A  F  I  B  B  R  A  P  P  B  A  R  R  A
N  A  I  O  N  L  H  S  I  F  T  C  O  B
S  A  A  X  P  E  N  C  I  L  S  R  G  O
```

BALLOON	FLAPPING	LADYBIRD	SQUARE
BASE	BIRD	LANTERN	BASE
CATAMARAN	FLOWER	PARTY HAT	STAR BOX
CROSS	FORTUNE	PENCIL	TRADITIONAL
CUP	TELLER	PLANE	BOX
ENVELOPE	HOUSE	SAILING	WALLET
FISH	JUMPING	BOAT	WATER
	FROG	SALT CELLAR	BOMB

Puzzle 122 UNESCO World Heritage Sites

```
F N O Y N A C D N A R G H U
B A M O U N T W U T A I E Y
I D T A J M A H A L S W C E
H R N H I U T B I T T A I L
D S E A D L U Y O T H L N L
I D N A L S I R E T S A E O
A C K O I S I S A R R M V W
A A U M B C I B A O O E F S
K R B M C E F R K R C K O T
J E E A N O T G E S B A Y O
L K I A Y E N C Y S I L T N
O R O T P A L M Y R A A I E
O A I Y U W T N U O M R C A
T C S E D A L G R E V E F L
```

ABU SIMBEL	FRASER ISLAND	PALMYRA
ANGKOR	GRAND CANYON	PETRA
BRASILIA	HISTORIC CAIRO	SIENA
CITY OF BATH	KAKADU	TAJ MAHAL
CITY OF VENICE	LAKE MALAWI	YELLOWSTONE
EASTER ISLAND	MOUNT WUTAI	
EVERGLADES	MOUNT WUYI	

Puzzle 123 Puzzling Puzzles

```
R E G A S S E M D E D O C F
E R U T C I P E H T Y P O C
K A U I U D C D O M E L L M
C U H S C O O O A H L R O A
I Q E O I T E R U O A D U T
T S O G T L G N W N H D R C
S D I O S A H T O E T T B H
M R D G N D H O T D G I Y I
S O L A R E C I U A D O N N
T W I T L U T R T E W O U G
I D F I N D T H E I T E M S
F I N D T H E P A I R T B E
H E Z A M E R U T C I P E T
S E C E I P W A S G I J R S
```

ANAGRAM
CODED MESSAGE
COLOUR BY
   NUMBER
COPY THE
   PICTURE

COUNTING
DOT TO DOT
FIND THE ITEMS
FIND THE PAIR
FOLLOW THE LINES
JIGSAW PIECES

MATCHING SETS
ODD ONE OUT
PICTURE MAZE
SILHOUETTE
STICKER
WORD SQUARE

Puzzle 124 Space Exploration

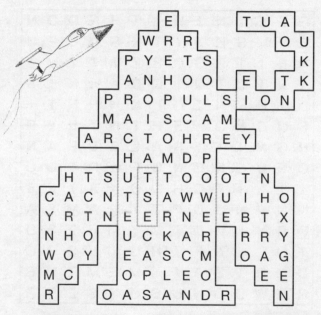

ATMOSPHERE	NASA	ROCKET
DESCENT	ORBIT	SOLAR POWER
EARTH	OXYGEN	SPACE STATION
LAUNCH	PARACHUTE	TOUCHDOWN
MARS	PROPULSION	
MOON	RE-ENTRY	

Puzzle 125 All in a Day

```
G E E T N T H I G H N O O N
E V M S H N I T K S U D E U
H E I I R G O B E D T I M E
T N T U T U I O D A W N I S
D I H H H T O L N H N N T I
S N C N G W S H T R T E Y R
H G N T I I R A L S E R A N
O N U O N G N U F L R T D U
I I L I F O H D O K A I F S
N N V N O D T T I H A M F A
O R Y A D D I M T M H E S D
T O L L A F T H G I N S R O
D M R T E A T I M E M T U B
G N W O D N U S U N S E T R
```

AFTERNOON	EVENING	NIGHT TIME
BEDTIME	FIRST LIGHT	RUSH HOUR
BREAKFAST TIME	HIGH NOON	SMALL HOURS
DAWN	LUNCHTIME	SUNDOWN
DAYTIME	MIDDAY	SUNRISE
DEAD OF NIGHT	MIDNIGHT	SUNSET
DINNERTIME	MORNING	TEATIME
DUSK	NIGHTFALL	

Puzzle 126 Picnic Food

```
        R O V P T I U R F
        O C G       R E L
        L G         B E
U W A L S E L O C E M M O L C
U D D S T O R R A C U O R E B
S P A S T R I E S T C N K S E
K B L L O R E G A S U A S T U
Y E A O A Y R E L E C D T M L
  E S B U S C O T C H E G G
  H N E E G O K U N U I S O
  C E T E K H T M G E P U L
  I E B U H I M A S U K M I
  U R S N H C B A T H R M V
  Q G C H I C K E N O O U E
  S A N D W I C H E S P H S
```

BAGUETTE	CHUTNEY	KEBABS	POTATO SALAD
CAKE	COLESLAW	LEMONADE	QUICHE
CARROTS	CUCUMBER	OLIVES	ROLLS
CELERY	FRUIT	PASTRIES	SANDWICHES
CHEESE	GREEN SALAD	PLOUGHMAN'S	SAUSAGE ROLL
CHICKEN	HUMMUS	PORK PIE	SCOTCH EGG

Puzzle 127 Famous Artists

```
C M I A D A M E S S I N A I
Z M A N S A D A R V T G H A
I G I C T N N A A T T H R D
T L I C H T E N S T E I N I
E I L A H I D N N A Z B I L
O T G E C E A T T A N E L L
G L L N R O L V I L E R L E
N N L A I O M A E A R T E N
T G A E D N N E N L O I C A
A C N I T L O G T G L N I G
K K I B S A E O I T E I T A
Y K S N I D N A K S I L T Z
T G N T I N T O R E T T O N
C A U L F I E L D M D G B A
```

BOTTICELLI	GIACOMETTI	SIGNORELLI
CAULFIELD	KANDINSKY	TINTORETTO
DA MESSINA	LICHTENSTEIN	VAN DER AACK
DE KOONING	LORENZETTI	ZAGANELLI
DONATELLO	MACHIAVELLI	
GHIBERTI	MICHELANGELO	

Puzzle 128 World's Largest Countries

```
D N E F A D A L R D A H C G
H A I L O G N O M E I R D R
T T N H G A I R E G L A E D
N S D F D A T A X I A D D A
A H O A I D N I I F R N R Z
S K N U O I E G C S T A D D
U A E I T O G N O C S D N Z
C Z S A L H R C S L U U R R
D A I B A R A I D U A S R L
X K A R R N Z F R E A E U L
Z D N A L N E E R G G S A E
I O I Z A C P A L I B Y A Y
R I H I S O L O N A C N R I
I G C L A N D A G C M A L I
```

ALGERIA	CHINA	LIBYA	SAUDI
ANGOLA	CONGO	MALI	ARABIA
ARGENTINA	GREENLAND	MEXICO	SOUTH
AUSTRALIA	INDIA	MONGOLIA	AFRICA
BRAZIL	INDONESIA	NIGER	SUDAN
CANADA	IRAN	PERU	
CHAD	KAZAKHSTAN	RUSSIA	

Puzzle 129 Invertebrates

```
I A P H I D N O I P R O C S
L E S N A I L O B S T E R U
R S D R E D I P S I N U A P
H R R Y L F R E T T U B B O
G C H E E D E P I L L I M T
U W A S P W C P C H S B R C
L A R O C P E R K I C R O O
S I E E R D O H I P C E W T
L O U S E K U H N C B A E A
        L C A S E K R D L
        P U O E S M E U A
        R E T C I A B T I
        A L U T N A R A T
        E I E A T P O G U
```

APHID
BEETLE
BUTTERFLY
CENTIPEDE
CICADA
COCKROACH
CORAL
CRAB   MILLIPEDE   STICK INSECT
CRICKET   OCTOPUS   TARANTULA
GRASSHOPPER   SCORPION   TERMITE
LEECH   SLUG   WASP
LOBSTER   SNAIL   WORM
LOUSE   SPIDER

Puzzle 130 Words Invented by Shakespeare

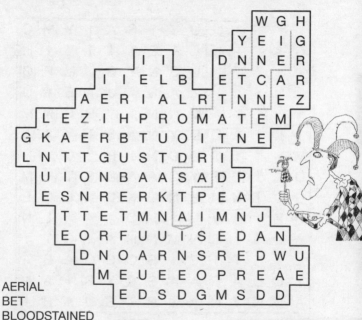

```
                              W G H
                            Y E I G
                        I I D N N E R
                    I I E L B E T C A R Z
                  A E R I A L R T N N E Z
                L E Z I H P R O M A T E M
              G K A E R B T U O I T N E
              L N T T G U S T D R I
              U I O N B A A S A D P
              E S N R E R K T P E A
              T T E T M N A I M N J
              E O R F U U I S E D A N
                D N O A R N S R E D W U
                  M E U E E O P R E A E
                    E D S D G M S D D
```

AERIAL
BET
BLOODSTAINED
DAWN
DEAFENING
DENOTE
GENEROUS
GOSSIP
GUST
HINT

JADED
LUSTROUS
METAMORPHIZE
MONUMENTAL
MOUNTAINEER
OUTBREAK
PANDERS

PREMEDITATED
RADIANCE
RANT
TORTURE
ZANY

Puzzle 131 Empires

```
U Y I S A I Y M C
L T E T I T T I H
U S N Y S O M P C
Z A S A J A E A U
M N N I Y R R N M
I L I A O D Y N A S T Y A A
M Y T T C D D N I H S C I R
U L T E G Y G A A D E T N M
G O T N N E N G K D N E O E
H Z I A V H I H O A A A L N
A Q S I C N M N H A M G Y I
L T N T I E I S O S O A B A
Y C U A R A A S S Y R I A N
A D N T N A I R T S U A B A
```

ANGEVIN	BABYLONIAN	KHMER	OTTOMAN
ARMENIAN	CARTHAGINIAN	LIAO DYNASTY	PERSIAN
ASHANTI	DUTCH	MACEDONIAN	QING DYNASTY
ASSYRIAN	HITTITE	MAYAN	ROMAN
AUSTRIAN	INCA	MING DYNASTY	ZULU
AZTEC	JIN DYNASTY	MUGHAL	

Puzzle 132 Cooking Oils

```
C  L  A  C  O  T  T  O  N  S  E  E  D  R
A  R  F  L  U  U  S  A  N  A  C  E  P  A
S  S  I  N  N  O  I  H  C  A  T  S  I  P
H  V  L  O  Y  A  T  U  N  A  E  P  I  E
E  A  C  B                 I  I  R  S
W  O  E  P                 T  N  E  E
C  A  A  H                 U  E  W  E
N  L  E  A                 N  N  O  D
M  M  M  Z                 L  U  L  O
N  O  A  E                 I  T  F  N
C  N  S  L  I  N  S  E  E  D  Z  A  F  O
O  D  E  N  A  A  I  M  A  D  A  C  A  M
L  A  S  U  N  F  L  O  W  E  R  S  S  E
O  A  N  T  U  N  H  C  E  E  B  A  T  L
```

ACAI	COTTON	OLIVE	RAPESEED
ALMOND	SEED	PALM	SAFFLOWER
BEECHNUT	HAZELNUT	PEANUT	SESAME
BRAZIL NUT	LEMON	PECAN	SOYBEAN
CASHEW	LINSEED	PINE NUT	SUNFLOWER
COCONUT	MACADAMIA	PISTACHIO	WALNUT

Puzzle 133 Lizards

```
L A F I D S I D N I G H T D
P D E L S T E I D P L O I E
R D Y I D I T R E E L R M H
N D N I L B A U T H O N I C
D S I U S P W D A F D E E T
S G P D O F R I L L E D R O
S G S E E R O P P A D M L L
C S L R C G G O R P A O I B
S F E A S T E R N F E N C E
O T G L S W A T U O B I R D
N S L L R S O C Y O D T R I
L A E O N A L R L T S O A S
W S S C D H E L M E T R R S
R G S E R E L I Y D D I O O
```

BEADED	GROUND	SIDE BLOTCHED
BLIND	HELMET	SPECTACLED
COLLARED	HORNED	SPINY
EARLESS	LEGLESS	TREE
EASTERN FENCE	LEOPARD	TROPIDURID
FLAP FOOTED	MONITOR	WALL
FRILLED	NIGHT	WORM
GLASS	PLATED	

Puzzle 134 Superhero Villains

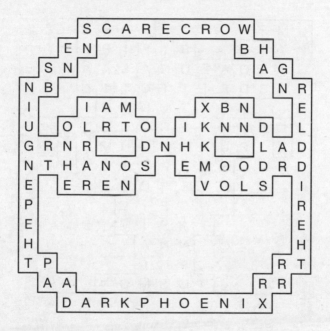

BANE	LOKI	THE PENGUIN
DARK PHOENIX	SCARECROW	THE RIDDLER
DR DOOM	THANOS	VENOM

Puzzle 135 Ice Cream Flavours

BANANA	PEACH
BUTTER PECAN	PEPPERMINT
BUTTERSCOTCH	PISTACHIO
COOKIE DOUGH	TOFFEE
LEMON	VANILLA
MANGO	

Puzzle 136 Do It Yourself

```
E N C G G L W T U E C C G I
H G L U I N G R D S O T N L
A G N I T N I A P N N G I G
M G G I I T M R S O N N L N
M C N X L E I T E I I I L I
E G I I M L R N D T S L E R
R F T O W U I N G A S I V E
I I H F C A A R I L W A E P
N W G T D S S S D L I N L A
G N I N E T H G I A R T S P
I O L D E C O R A T I O N L
N E W C A R P E T S N L H L
L X E S H E L V I N G M S A
N G N I N E T H G I T N I W
```

CONSTRUCTION
CUTTING
DECORATION
DRILLING
FIXING
GLUING
HAMMERING
HOME-MADE

INSTALLATION
LEVELLING
NAILING
NEW CARPET
NEW LIGHTING
PAINTING
PLASTERING
SANDING

SAWING
SHELVING
STRAIGHTENING
TIGHTENING
WALLPAPERING
WIRING

Puzzle 137 UK National Parks

```
S K M O W N N B K N E H Y N
B A D N O M O L H C O L O O
T R K N K R L R O C A R R R
T C E S O E R O A K T S K T
N R I C C O I I E H B N S H
E D T R O T R D U E R O H Y
W E A M T N I M R I U W I O
F E X R G S B O D T M D R R
O E S O T E I E H N U O E K
R H R R R M C D A R W N D M
E M I L N S O Y K C O I A O
S C A C N W N O C A O A L O
T N O D N T W H R B E N E R
D T O S D A O R B H E P S S
```

BRECON BEACONS
BROADS
CAIRNGORMS
DARTMOOR
EXMOOR
LAKE DISTRICT
LOCH LOMOND

NEW FOREST
NORTHUMBERLAND
NORTH YORK MOORS
PEAK DISTRICT
SNOWDONIA
SOUTH DOWNS
YORKSHIRE DALES

Puzzle 138 It's Playground Games

```
P  E  S  E  L  B  R  A  M
K  R  E  V  O  R  D  E  R
G  C  C  H  F  A  O  S
H  O  H  A  A  O  O  W  A
K  N  R  I  T  G  T  O  F
H  K  T  F  D  S  N  P  T  O  F  O  S  K
O  E  P  V  P  E  C  I  O  B  G  A  T  I
P  R  B  E  J  A  A  R  P  T  A  U  P  S
S  S  K  C  A  J  E  N  A  P  A  L  T  S
C  S  K  N  I  W  Y  L  D  D  I  T  L  C
O  R  A  W  B  M  U  H  T  S  L  K  O  H
T  R  U  T  H  O  R  D  A  R  E  E  S  A
C  O  P  S  A  N  D  R  O  B  B  E  R  S
H  Y  P  S  I  P  A  T  T  Y  C  A  K  E
```

CATS CRADLE	HOT POTATO	RED ROVER
CONKERS	I SPY	SKIPPING
COPS AND	JACKS	TAG
ROBBERS	KISS CHASE	THUMB WAR
FOOTBALL	LEAPFROG	TIDDLYWINKS
HIDE AND SEEK	MARBLES	TRUTH OR DARE
HOPSCOTCH	PATTY CAKE	TUG OF WAR

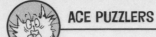

Puzzle 139 Dance Styles

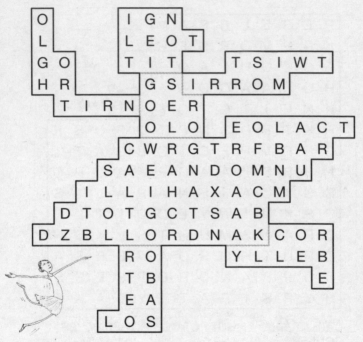

BELLY	DISCO	SAMBA
BOLERO	FOXTROT	TANGO
BOOGIE-WOOGIE	MORRIS	TWIST
CANCAN	ROCK AND ROLL	WALTZ
CHARLESTON	RUMBA	

Puzzle 140 Root Vegetables

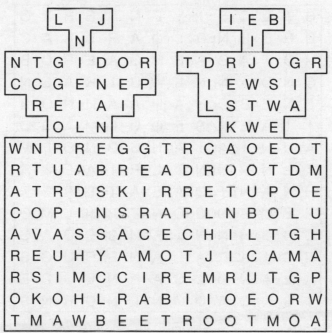

```
            L  I  J              I  E  B
               N                    I
   N  T  G  I  D  O  R     T  D  R  J  O  G  R
   C  C  G  E  N  E  P        I  E  W  S  I
      R  E  I  A  I           L  S  T  W  A
      O  L  N                    K  W  E
   W  N  R  R  E  G  G  T  R  C  A  O  E  O  T
   R  T  U  A  B  R  E  A  D  R  O  O  T  D  M
   A  T  R  D  S  K  I  R  R  E  T  U  P  O  E
   C  O  P  I  N  S  R  A  P  L  N  B  O  L  U
   A  V  A  S  S  A  C  E  C  H  I  L  T  G  H
   R  E  U  H  Y  A  M  O  T  J  I  C  A  M  A
   R  S  I  M  C  C  I  R  E  M  R  U  T  G  P
   O  K  O  H  L  R  A  B  I  I  O  E  O  R  W
   T  M  A  W  B  E  E  T  R  O  O  T  M  O  A
```

ARRACACHA	EARTHNUT	ONION	POTATO
BEETROOT	GARLIC	PARSNIP	TURMERIC
BREADROOT	GINGER	RADISH	TURNIP
CARROT	JICAMA	SKIRRET	YAM
CASSAVA	KOHLRABI	SWEDE	
CELERIAC	MOOLI	SWEET	

Puzzle 141 UK Mountains

```
B I L C S I V E N N E B T C
U R B U N R L Q A R L L A C
H D I A G A E M G A E R C B
O N D A N N L W B I R A E N
L N E B D N A H A A H N O R
I I A E E S E Q U L M A G O
A U N I A I A N U O N O L M
T L N N N N T L R I A E I R
H N A N I O A E A T L R B R
A E M B O U C N F R N L M O
C B B H N N I E H B R O A G
H C I A P A L A N R R U G S
A L A N O L C A R N E I G E
I S N O W D O N L N G R N S
```

BEINN BHAN	BLA BHEINN	LIATHACH
BEN LAWERS	CARN EIGE	LUGNAQUILLA
BEN LUI	CARRAUNTOOHIL	SGORR MOR
BEN MORE	CREAG MEAGAIDH	SGURR ALASDAIR
BEN NEVIS	GAOR BHEINN	SGURR NA LAPAICH
BIDEAN NAM BIAN	GOAT FELL	SNOWDON

Puzzle 142 Endurance Sports

A	O	D	S	U	N	C	T	G	C	G	S	R	A
W	B	C	I	T	P	N	N	W	N	I	K	B	G
C	S	E	I	U	N	I	I	I	N	T	T	L	N
L	T	E	R	G	X	S	K	N	I	R	R	Q	I
A	A	G	O	O	L	L	E	F	U	I	U	I	C
G	C	U	B	F	A	T	S	C	M	A	G	U	A
N	L	I	U	W	T	S	K	A	D	T	N	L	R
I	E	T	E	A	O	P	R	R	A	H	I	F	R
W	R	C	S	R	U	A	A	S	O	L	M	H	O
O	A	G	C	L	T	T	G	N	A	O	M	S	T
R	C	A	L	H	H	I	H	A	I	N	I	A	O
K	I	I	O	L	O	P	R	E	T	A	W	U	M
G	N	N	O	G	N	G	N	I	I	K	S	Q	C
G	G	N	I	T	A	K	S	D	E	E	P	S	P

BOXING
CROSSFIT
MARATHON
MOTOR RACING
OBSTACLE RACING
QUADRATHLON

RACE WALKING
ROWING
SKIING
SPEED SKATING
SQUASH
SWIMMING

TENNIS
TRIATHLON
TRUCK PULLING
TUG OF WAR
WATER POLO

Puzzle 143 Map Reading

```
S T E C H T E L P O S I E O
H N A I D I R E M E M I R P
S H O R E L I N E F L D L P
R A L I Z N E E E L N T T D
A E T E T N O I T A V E L E
M V B T N C L Z N N R E O D
B R O A F E E C E D E R C U
O U R N R O E J R M V T A T
U C D I W S R U O A I S T I
N H E D U O O E D R R T I T
D T R R M T T R S K P M O A
A P V O N M O U N T A I N L
R E L O N G I T U D E V R E
Y D C C R O E S A L T A D M
```

ATLAS	FOREST	MOUNTAIN	RIVER
BORDER	ISOPLETH	ORDNANCE	SHORELINE
BOUNDARY	LANDMARK	SURVEY	STREET
CONTOUR	LATITUDE	PRIME	TIME ZONE
COORDINATE	LOCATION	MERIDIAN	TOWN
DEPTH CURVE	LONGITUDE	PROJECTION	
ELEVATION	MARSH	RELIEF	

Puzzle 144 Ghosts

```
        C B M Y Y R A
        S A A O D D I J D
        Y S N A A A A O C
      K E P Q N L L R L R I
      I R E U I E E U E Y O
    A N G R O N U T B G M E M
    Y G N   G L I   Z I R
  R D B I U   M B H Y   S A L G
  A A O N E F Y E W C I D N N S
  I L O A N O R A B Y D O O L B
  R N A M H C T U D G N I Y L F
  F W H E A D L E S S N U N O G
  T O Y T B E E T L E J U I C E
  A R I   N M O   E O W   Y A E
  F B     O       J       S A
```

BANQUO	FAT FRIAR	MOANING MYRTLE
BEETLEJUICE	FLYING DUTCHMAN	MOROI
BLOODY BARON	GREY LADY	NAZGUL
BLUE LADY	HEADLESS NUN	SLIMER
BROWN LADY	KING BOO	WHITE LADY
CASPER	MAN IN GREY	

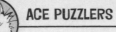
Puzzle 145 Types of House

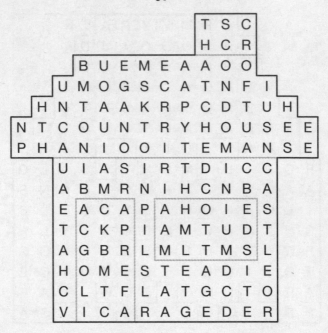

```
                    T S C
                    H C R
      B U E M E A A O O
      U M O G S C A T N F I
    H N T A A K R P C D T U H
  N T C O U N T R Y H O U S E E
  P H A N I O O I T E M A N S E
      U I A S I R T D I C C
      A B M R N I H C N B A
    E A C A P A H O I E S
    T C K P I A M T U D T
    A G B R L M L T M S L
    H O M E S T E A D I E
    C L T F L A T G C T O
    V I C A R A G E D E R
```

BEDSIT	FLAT	MIA-MIA
CASTLE	HOMESTEAD	PALACE
CHALET	HUT	PARSONAGE
CHATEAU	LOG CABIN	RANCH
CONDOMINIUM	MANOR-HOUSE	SHACK
COUNTRY HOUSE	MANSE	THATCHED COTTAGE
CROFT	MANSION	VICARAGE

Puzzle 146 Skateboard Tricks

```
K T I R F A K I E
T O O E V R A C S
I I T T Y D N R P
L S C S N A E O T
I A G A T G G P O
D K L A W R E T S N O M R O
A W R T O L S H I E K O I F
F S C U L D C F D I A N M R
F M S E N T N I R L G G O A
Y E Z A I E S S E L R O S L
L A H W K K K K P O I F L U
G E S O C C A L S R N O I G
G C R A I L S T A N D O D E
O B B P I L F K C I K T E R
```

BACKSIDE
BROKEN FINGERS
CAROUSEL
CARVE
CASPER DISASTER
DAFFY
FAKIE

GAZELLE
GRIND
HANDSTAND
KICKFLIP
MCTWIST
MONGO-FOOT
MONSTER WALK

OLLIE
POGO
PRIMO SLIDE
RAILSTAND
REGULAR FOOT
SWITCH STANCE

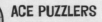

Puzzle 147 Collective Nouns for Animals

```
N L G T E R E A M R A H C O
B O S N P L A G U E F R C O
R O I O I A G H A D U O L C
O H D T F R R X N G P T O L
O C M O A N E L N A G M W U
D S M R M G M T I A P L D T
K N G N I R E T T A L C E C
E S K U L K H R N A M A R H
L E H C Y G P Y G G H E H I
L T I O I I E P T N D C N P
Y F R L I T T E R R O I P T
X I F O G L U P U I A C A P
D R C N O T D M M R D P D U
A D T Y M P L G S R E E N X
```

BROOD	CLUTCH	FLIGHT	PHALANX
CHARM	COLONY	GAGGLE	PLAGUE
CHATTERING	COMPANY	LITTER	PRIDE
CLATTERING	CONGREGATION	MURDER	SCHOOL
CLOUD	DRIFT	PARLIAMENT	SKULK
CLOWDER	FAMILY	PARTY	TROOP

Puzzle 148 Alternative Spellings

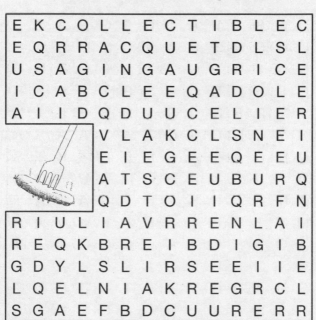

```
E  K  C  O  L  L  E  C  T  I  B  L  E  C
E  Q  R  R  A  C  Q  U  E  T  D  L  S  L
U  S  A  G  I  N  G  A  U  G  R  I  C  E
I  C  A  B  C  L  E  E  Q  A  D  O  L  E
A  I  I  D  Q  D  U  U  C  E  L  I  E  R
      V  L  A  K  C  L  S  N  E  I
      E  I  E  G  E  E  Q  E  E  U
      A  T  S  C  E  U  B  U  R  Q
      Q  D  T  O  I  I  Q  R  F  N
R  I  U  L  I  A  V  R  R  E  N  L  A  I
R  E  Q  K  B  R  E  I  B  D  I  G  I  B
G  D  Y  L  S  L  I  R  S  E  E  I  I  E
L  Q  E  L  N  I  A  K  R  E  G  R  C  L
S  G  A  E  F  B  D  C  U  U  R  E  R  R
```

ADVISER	COLLECTABLE	FLYER
ADVISOR	COLLECTIBLE	INQUIRE
AGEING	DISC	RACKET
AGING	DISK	RACQUET
BARBECUE	ENQUIRE	
BARBEQUE	FLIER	

Puzzle 149 Prehistoric Animals

```
L W S I V A T N E G R A S E
O O S M I D A I C M M U A S
N O I R P O C I L E H D U U
G L N D U C A N R T I R E R
I L R E M U S I N C E L I U
S Y O N O S C A A T A A S A
Q M R A T A C H P S I K T S
U A U A N A R O M N U A U O
A M A L H S L O I S A I A T
M M I T U E S B L E W M A C
A O E R K A A C C O O I A Y
N T O E U P O A S S U A E N
S H A R O V I P T E R Y X E
P J H A L L U C I G E N I A
```

ADOCUS	HALLUCIGENIA	PHORUSRHACIDAE
AKAIMIA	HELICOPRION	SHAROVIPTERYXE
AMERICAN LION	JAEKELOPTERUS	STETHACANTHUS
ARGENTAVIS	LONGISQUAMA	WOOLLY
AURORNIS	NYCTOSAURUS	MAMMOTH
ELASMOSAUR	OPABINIA	

Puzzle 150 Exotic Fruit

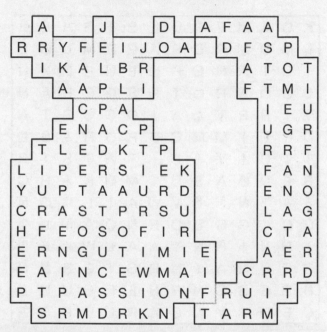

ACAI	FEIJOA	PAPAYA
BLACK SAPOTE	FIG	PASSION FRUIT
CUSTARD APPLE	KIWI FRUIT	PERSIMMON
DATE	LYCHEE	PINEAPPLE
DRAGON FRUIT	MANGOSTEEN	POMEGRANATE
DURIAN	MIRACLE FRUIT	STAR FRUIT

Puzzle 151 Fun Jobs

```
K G A M E S D E S I G N E R
F M C E R D R A R R M L O E
I U T A N E R O E U E T X N
L S O A R O T K S G C E A N
M I R R T A A I O E C G T A
D C E I M M C D R U R T S L
I T D I Y I E I T W E S I P
R E N O A S D I M M K I R G
E A T N I E V W A T L C O N
C C C G S E D R N O A I L I
T H N I C N T A A L W L F D
O E U H A I N R G I G B N D
R R E S S N R N E P O U U E
C F D T Y N C A R L D P S W
```

ACTOR	FILM DIRECTOR	PILOT
ANIMATOR	FLORIST	PUBLICIST
ARTIST	GAMES DESIGNER	RESORT MANAGER
CRUISE DIRECTOR	LEGO DESIGNER	TOY MAKER
DOG WALKER	MUSICIAN	WEDDING
EDITOR	MUSIC TEACHER	PLANNER
EXECUTIVE CHEF	NANNY	WRITER

Puzzle 152 Forces and Movement

```
I  T  Y  R  R  L  O  E  E  G  R  A  H  C
Y  G  R  E  N  E  C  I  T  E  N  I  K  T
N  N  N  D  T  P  R  O  L  M  A  R  H  F
E  I  O  O  I  N  E  E  O  A  I  R  U  R
M  R  E  I  I  R  C  M  T  S  U  E  O  I
E  P  H  Y  S  T  E  R  E  S  I  S  N  C
A  S  C  Y  R  N  A  C  T  I  P  I  T  T
D  E  M  I  T  R  E  R  T  E  U  S  O  I
E  P  C  U  T  I  E  T  E  I  Q  T  R  O
I  A  M  N  R  E  C  D  C  L  O  A  Q  N
L  S  W  A  L  S  N  O  T  W  E  N  U  I
P  Y  T  I  V  A  R  G  L  I  A  C  E  P
P  W  E  I  G  H  T  N  A  E  N  E  C  S
A  Y  L  A  M  R  O  N  A  M  V  T  T  A
```

ACCELERATION	FRICTION	MOMENTUM	SPRING
AIR RESISTANCE	GRAVITY	NEWTON'S	TENSION
APPLIED	HYSTERESIS	LAWS	THRUST
CHARGE	KINETIC ENERGY	NORMAL	TIME
DIRECTION	MAGNETIC	SPEED	TORQUE
ELECTRICAL	MASS	SPIN	VELOCITY
			WEIGHT

Puzzle 153 Transport

AEROPLANE	JET SKI	SCOOTER
AMBULANCE	LORRY	STEAMROLLER
BICYCLE	MILK FLOAT	TANKER
BULLDOZER	MINIBUS	TIPPER TRUCK
CAMPER VAN	MOPED	TOBOGGAN
COACH	MOTORBIKE	TRACTOR
FIRE ENGINE	RICKSHAW	TRAIN
GRITTER	ROADROLLER	UNICYCLE

Puzzle 154 Sacred Texts

```
H T A O T E C H I N G R I G
A T V R T A R A N Y A K A S
R N E W T E S T A M E N T U
O E D N I N M H T N O A I N
T M A D C N A O A M U B G N
A A S M H D T T R P R R D A
O T E O I A A O A A R U A P
H S G T N A M N H H M M V O
G E H R G F I M B L C O A C
O T A E O S A H A O U N G R
N D U K H N A T H P L O A Y
A L O A A N A Y A M A R H P
R O D S T H E A M L E D B H
B S B I B L E N A R O K A A
```

APOCRYPHA
ARANYAKAS
BHAGAVADGITA
BIBLE
BOOK OF MORMON
BRAHMANAS
DHAMMAPADA

HADITH
I CHING
KORAN
MAHABHARATA
NEW TESTAMENT
OLD TESTAMENT
PANCHATANTRA

RAMAYANA
SUNNA
TALMUD
TAO TE CHING
TORAH
UPANISHADS
VEDAS

Puzzle 155 Fundraising Events

```
S F Y A D I T F U M T B T H
E A S T E R E G G H U N T C
I S E T B C C B G N U A A G
L H L F N A H I G H B S F A
A I F A R N N E E S I S T R
O O F W D A E R N N K E E D
G N A T R J U A O R K R R E
E S R E U S E E O A T D N N
H H P M A B V W B R S Y O P
T O P E D E E E E K H C O A
T W R E N R K C L R A N N R
A T K I I A N A A U L A T T
E A N F C O W E C M G F E Y
B G N I C N A D E N I L A T
```

AFTERNOON TEA   CONCERT   MUFTI DAY
BAKED BEANS BATH   EASTER EGG HUNT   OPERA NIGHT
BEAT THE GOALIE   FANCY DRESS   RAFFLE
BUNGEE JUMP   FASHION SHOW   TREASURE HUNT
CAKE BAKE   FIREWORKS   WALKS
CAR WASH   GARDEN PARTY
CASINO EVENING   LINE DANCING

Puzzle 156 Hats

```
T O Q U E U Q U T N N
F E L C W N L O E I A
E C R O W N P T R M S
D O E A U H A T E E E
O W I Z A R D S B D D
R B F T I Y O O S E L
A O O P B M B M K E R
V Y O L B O L C U R R
I A I R W O O E L S O
A R E L W C E Y L T D
T R E N C H E R C A P
O R U B A S E B A L L
A T R O R M U L R S P K I E K
V R R H Y T E R O E Z E F L B
L A A N L S A K L U M R A Y E
```

AVIATOR	DEERSTALKER	TOQUE
BASEBALL	FEDORA	TOY
BERET	FEZ	TRENCHER CAP
BOWLER	PIRATE	TRILBY
COCKED	SKULLCAP	TUQUE
COWBOY	SOMBRERO	WIZARD'S
CROWN	TOP HAT	YARMULKA

Puzzle 157 Collectables

```
C M A T C H B O X E S L T L
O F I R S T E D I T I O N S
I T O Y S O L D I E R S Y D
N R S N I A R T L E D O M R
S N I P G N I D A R T S M A
A N T I Q U E S A L D E U C
T R A D I N G C A R D S S G
M A S K S N G E A A C T I N
U E E D I N M C L I O E C I
R I E R I Y E S I P M K B T
B E Y Y P N C P A T I C O E
S E A P O S T E R S C I X E
K L A H B O T T L E S T E R
P H P S E B O L G W O N S G
```

ANTIQUES
BOTTLES
COINS
COMICS
FIRST EDITIONS
GREETING CARDS
HAPPY MEAL TOYS
KEYRINGS

MASKS
MATCHBOXES
MEDALS
MODEL TRAINS
MUSIC BOXES
PENS
PHONE CARDS
PLAYING CARDS

POSTERS
SEEDS
SNOW GLOBES
TEAPOTS
TICKETS
TOY SOLDIERS
TRADING CARDS
TRADING PINS

Puzzle 158 Famous Leaders

```
E L E N G A M E L R A H C A
M A N D E L A D A M S N T P
L K H A N F S N V A O T E K
J E F F E R S O N T I T L C
E G N O D E Z O G L E L L R
        T D N N A R L I I A
        O T I T T E N Y H M
        O H H H W C K O C S
        S E E M O U R A R I
T E W A H G O L U T R H U B
D U W U R R N S S R F H H N
V A N E C E N A G A E R C O
S R A S E A C S U I L U J V
T T I P S T L E V E S O O R
```

ADAMS
ALFRED THE GREAT
ATTILA THE HUN
CASTRO
CHARLEMAGNE
CHURCHILL
CROMWELL

JEFFERSON
JULIUS CAESAR
KHAN
LINCOLN
MANDELA
PETER THE GREAT
PITT

REAGAN
ROOSEVELT
SAN SUU KYI
VON BISMARCK
WASHINGTON
ZEDONG

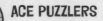

Puzzle 159 Mountains

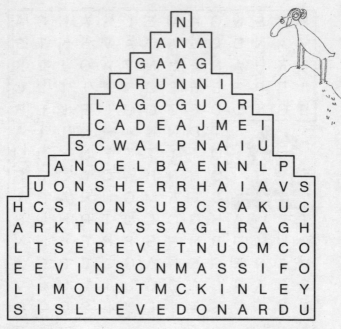

ACONCAGUA	LHOTSE	NANGA PARBAT
BEN NEVIS	LOGAN	RAINIER
CHO OYU	MAKALU	SLIEVE DONARD
ELBRUS	MANASLU	SNOWDON
HUASCARAN	MOUNT EVEREST	VINSON MASSIF
KANGCHENJUNGA	MOUNT MCKINLEY	

Puzzle 160 Major Inventions

```
C A S T I R O N I R X T V R
O E V C E R I C E T A A O P
T E N I E A A T O I C T F R
T H R I R M I D S C A R N I
O E E T H R E E I R L L T N
N I P I W C H N E O E E N T
G O A E N T A G T N N E A I
I G P P S T I M S H D H T N
N Y A E I R E E G E A W X G
T T A O F Z S R H N R A E P
Y N N E J G N I N N I P S R
A E R O P L A N E E B W N E
E B U T M U U C A V T C E S
A N L E N I G N E M A E T S
```

AEROPLANE	LENSES	STEAM ENGINE
ANAESTHESIA	PAPER	THE INTERNET
CALENDAR	PRINTING PRESS	TRAIN
CAR	RADIO	TYPEWRITER
CAST IRON	REFRIGERATOR	VACCINATION
CEMENT	SEWING MACHINE	VACUUM TUBE
COTTON GIN	SEXTANT	WHEEL
FAX	SPINNING JENNY	ZIP

Answers

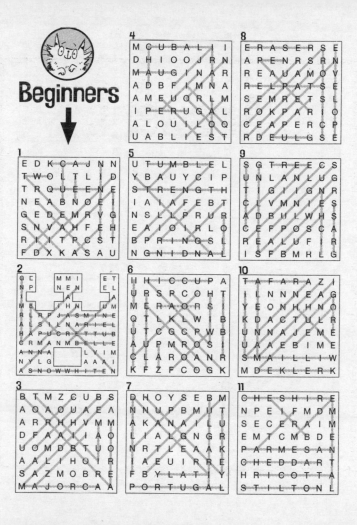

Beginners

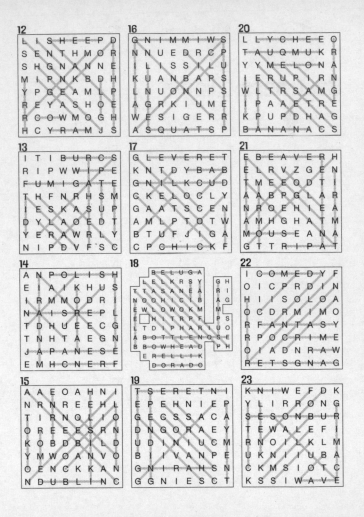

12
```
L I S H E E P D
S E N T H M O R
S H G N A N N E
M I P N K B D H
Y P G E A M L P
R E Y A S H O E
R C O W M O G H
H C Y R A M J S
```

16
```
G N I M M I W S
N N U E D R C P
I L I S S I L U
K U A N B A P S
L N U O N N P S
A G R K I U M E
W E S I G E R R
A S Q U A T S P
```

20
```
L L Y C H E E O
T A U Q M U K R
Y Y M E L O N A
I E R U P I R N
W L T R S A M G
I P A A E T R E
K P U P D H A G
B A N A N A C S
```

13
```
I T I B U R C S
R I P W W I P E
F U M I G A T E
T H F N R H S M
I E S K A S U P
D Y L A O E D T
Y E R A W R L Y
N I P D V F S C
```

17
```
G L E V E R E T
K N T D Y B A B
G N I L K C U D
C K E L O C L Y
G A A T S C E N
A M L P T O T W
B T U F J I G A
C P C H I C K F
```

21
```
E B E A V E R H
E L R V Z G E N
T M E E O D T I
A A B P G L A R
N R O E H I E A
A M H G H A T M
M O U S E A N A
G T T R I P A T
```

14
```
A N P O L I S H
E I A I K H U S
I R M M O D R I
N A I S R E P L
T D H U E E C G
T N H T A E G N
J A P A N E S E
E M H C N E R F
```

18
```
  B E L U G A
  L E L K R S Y    G H
  N O O H I C I B  R I
  E W L O W O K M  A G
  E   H I T R P F  M P
  L T D I P H A R I U O
  A B O T T L E N O S E
  B B O W H E A D   P H
  E R E L L I K
  D O R A D O
```

22
```
I C O M E D Y F
O I C P R D I N
H I I S O L O A
O C D R M I M O
R F A N T A S Y
R P O C R I M E
O I A D N R A W
R E T S G N A G
```

15
```
A A E O A H N I
N R N R E E H L
T I R N O L I O
O R E E E S R N
K O B D B I L D
Y M W O A N V O
O E N C K K A N
N D U B L I N C
```

19
```
T S E R E T N I
E P E H N I E P
G E G C S S A C A
D N G O R A E Y
U D I N I U C M
B I I V A N P E
G N I R A H S N
G G N I E S C T
```

23
```
K N I W E F D K
Y L I R R O N G
S E S O N B U R
T E W A L E F I
R N O I L K L M
U K N I I U B A
C K M S I O T C
K S S I W A V E
```

Intermediates

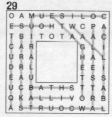

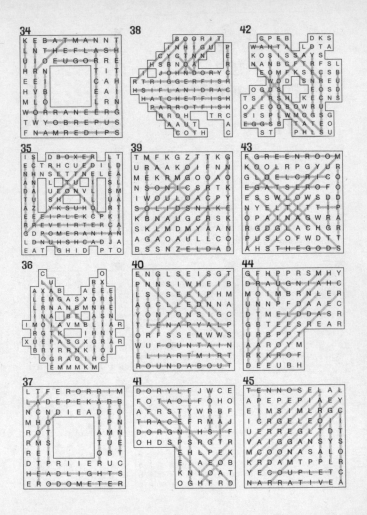

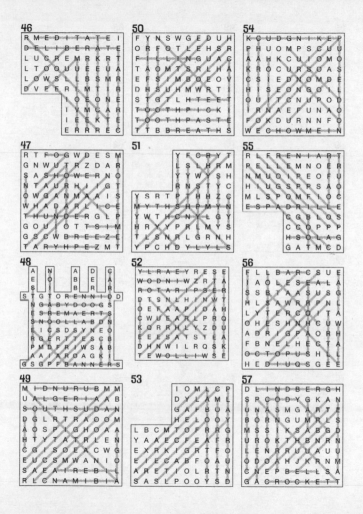

46

```
R M E D I T A T E I
D E L I B E R A T E
L U C R E M R K R T
L O W S L B S M R
D V E E R I M T R
    I O E O N E
    I V M C A R
    I E E K T E
    E R R R E C
```

50

```
F Y N S W G E D U H
O R F O T L E H S R
F I L L I N G U A C
T A O M T S R L H A
E F S I M B O E O V
D H S U H M W R T I
S T G T L H T E E T
T O O T H P I C K I
T O O T H P A S T E
T T B B R E A T H S
```

54

```
K C U D G N I K E P
P H U O M P S C U U
A A H K C U I O M O
K R O C U R S O A S
C S I E D N O M D E
H I S E O N G O I L
O U T C N U P O D
I R N A E F U N A O
F O K D U R N N F O
W E G H O W M E I N
```

47

```
R T F O G W D E S M
G N W U T R Z D A R
S A S H O W E R N O
N T A U R H I I G T
O W G A N M A A I S
W H A D A R L I C E
T H U N D E R G L P
G O U J O T T S I M
G S C W B R E E Z E
T A R Y H P E Z M T
```

51

```
        Y F C R Y T
        L S L H R M
        Y Y W S H
        R N S T Y C
Y S R T P   P H H Z C
M Y T H S H S H P M Y N
Y W T H C N Y L G Y
H R X Y P R L M Y S
T L S N R L G R N H
Y P C H D Y L Y L S
```

55

```
R L F R E N I A R T
P E L L E M N O E R
N M U O I P E O F U
H I U G S P P S A O
M L S P O M F O C
E S P A D R I L L E
        C G B L O S
        C C O P P P
        H S O L A G
        G A T M C D
```

48

```
  A N     A     C
  E O     B     A
  S U     B D E R
S T G T O R E N N I D D
N G A B Y D O O G S
E S R E M A E R T S
S N O O L L A B D N
E I C S D S Y N E O
R G E R T E S C B
P M D F R I W S A B
A A I A R O A G K I
G S G P F B A N N E R S
```

52

```
Y L R A E Y R E S E
W O D N I W Z R T A
R O T A R I P S E R
D T S N L H I N W T
O E F A A P I O A H
C W U E A R L P R Q
K O R R H L Y Z D U
E E E S A Y S I E A
D H N W I L R Q S K
T E W O L L I W S E
```

56

```
F L L B A R C S U E
I A O L E S E A L A
S S B T A A S U S G
H L S A W R R R N L
L Y T E R C O I T A
O H E S H N H C U W
A D R I G P A O R H
F B N E L H E C T A
O C T O P U S H L L
H E D I U Q S G E E
```

49

```
M I D N U R U B M M
U A L G E R I A A B
S O U T H S U D A N
D G L R T R A O O M
A O S P I G H O A A
H T Y T A T R L E N
C G I S O E A C W G
E U C S M W A N I O
S A E A I R E B I L
R L C N A M I B I A
```

53

```
    I O M L C P
    D Y L A M L
    G A F B U A
    H E L O O Y
L B C M T O F R R G
Y A A E C F E A F R
E X R K I G R T F O
E I E C A B F O A U
A R E T I O L R T N
S A S L P O O Y S D
```

57

```
D L I N D B E R G H
S P C O D Y G K A N
U N A S M G A R T E
B O R N G U M R L S
M S S I K S A B G D
U R O K T H B N R N
L E N R R U U A U U
O D O A H J K R N M
C N E P B E L L S A
G A C R O C K E T T
```

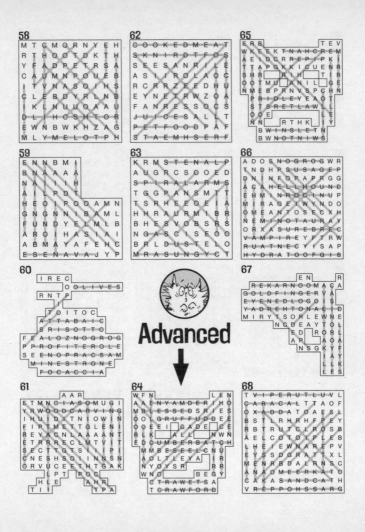

69

```
N V R H I N O C E R O S
Y R E L E P H A N T U N
A L     Z R O M O E
L E     A E A O N X
A M     E T B I Y L
D U     U A P H I E
T R P L F P B U O O A F
P T A X O F C E N N E F
O O O P K R A V D R A A
E P P M O N G O O S E R
E I I P X E A L A P M I
H J A C K A L L I R O G
```

72

```
P E
N T
S S T L                 T G
O A L L                 C L
A P S E                 T U
P H O N E C H A R G E R N
T T S R E P P I L S S A D
E O E W I Y I T C K E V E
D O P L I M O N C O A F R
D T L A L R T O G O M L W
Y O M O C D S A C B T B E
W A S H C L O T H O A A A
S U                   G R
```

70

```
                    R C
                    A D U
                    M D W
                    E N C
C H I C K E N N O O D L E
L O B S I E R B I S Q U E
K E E L D N A O T A T U Y
L Y N W A T A G I L L U M
H T U S C A N B E A N
S C O T C H B R O T H
R E D W O H C M A L C
N A E B E T I H W
W T E I L D E
```

73

```
I G A B U F F A L O T T
P E T S E E B E B E D L I W
A X E P O L E T N A A B
K Y E R P U O K M T A R
O I C O N K O F N F K
G U A N A C O R T I O G
C H M G S S B E N B K N
H I E B E U N D S Y O A
I R L O C G E M R R A I
T O A K R E E D B U C K
A L N N R G T U R I A L
L A D E M U S K O X B G
```

71

```
B S W B O A T I N G C B
S F A I Y T L G N A O K
N L K A B I N I N D I F
O Y E R Y I H O Y T L G
R B B C T S E B E O N N
K O O F I I O S W I G I
E A A F N A U R M I N T
L R R G R R I M B K
L D D D F D I A I D W C
I I I W G M B Y O A
N N N S W T W I R R Y
G G G N I V I D P E E D
```

74

```
    R T   N I   T C
L       A C C S Y C
    E A M O O C D H R
    A V I R N V O O C A
E D C R N J L B R S R
L N C Y C E U A Y O I E S N
I I T E A A N O R I D L N
S P A L I C C G A D C
N U I N T O T O R I S
E P O I P L I I
R L O V A C O O
```

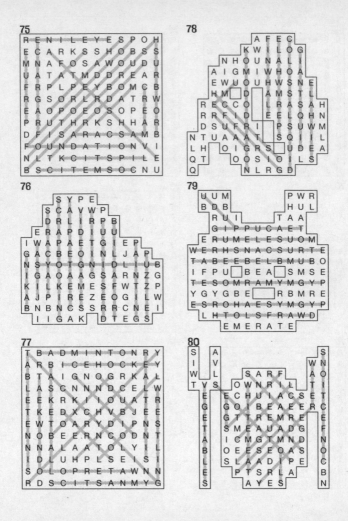

81

```
E F R I E D E G G D P S
E G G F R I E D R I C E
P B G L L O E A C R S E
O A L S I N T K A I T B
A K L N B S L M A T O E
C E O L U E B N E I G H
H D R C D L N L L O E C
E E G E E O E E N O D I
D G G D Y M D G D R G U
E G E A O E G C G I D Q
G G M G G E H C T O C S
G N D G A L L I T R O T
```

84

```
        T C I
        A   D
      E R R E T R L
    T A E B N H O A L
    T H N I A G U S M
  N T E O L U I N C A N
  O C P T L E E C R R R
F T C E S I W W E U G E O
D T F I N T M Y F P R T T
O R O N O T G N O L A R R
I O R N T O N N E E I A T
T H G I E W D E R D N U H
E S U D N U O P R W S Q T
```

82

```
  E N P A C K I N G
  R S E H T O L C B
  T A       S U
M U S I C P L A Y E R K R
M I E U C L L H A N G P E
S P S G I K A R T O L A G
W L S K A T E K O H A S R
E A A C O M C T A P R S A
E Y L R A Q E A S D A P H
T L G C Y H B S S A L O C
3 I N B E A C H W E A R A
U S U N B L O C K H R T O
M T S E N I C I D E M R C
```

85

```
P S Y L T T E K O M S E
O T G R I D D L E P K L
A B O R F O E A D A B U
C H E V I H B E B D P R
H S C I F I S V P F O R
R Y A N R N I A I F T C
F R T U A M R W L E R I
L F A S T L A O C F O Y
A R E U C E B R A B A W
M I W H A T A C C S S E
B T S A O R T P S T T
E S I A R B R M A E T S
```

83

```
E L A O C R A H C E Y C
B I I R H I O C H R E E
O N L A O N N L A R C R
N C O N C D T N I H Y U
Y A N I O H A S A V E L
O R G L L C E R U M E E
D N A I A I T S B R O A
A A M N T R M E T A C N
C D C U E Y O R P N L E
O I A U V A D C E U U U
V N S A F F R O N V A T
A E N I R A M A U Q A T
```

86

```
I I N S E C T S D I D I
D K F C G A N O N R F Y
C I F L B N N K A U N F
I S U L Y I A C H M S D
N E D O Q I O E R E I Q
I N A R S L N G D L Q B
N L E S I G N G F G I S
B N S Z S B N N F N I D
E K A N S G N D I L G
L R Y F L F S Y Y Y S K
D A L C L E I L G L D H
G C Q G G R D F G F F D
```

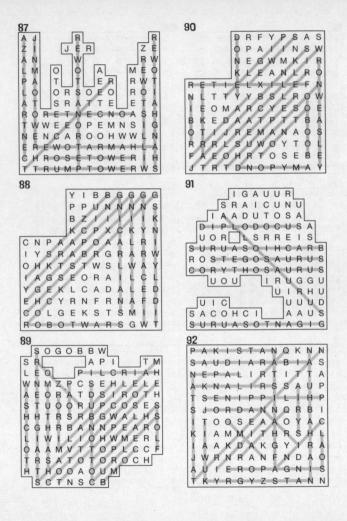

87

```
A J         R             R
Z N     J E R         Z E
A M     W       M   R W
L O T     A E   E O T
L A T O T     R O R
A T O R S O E O R A
S R A T T E   T E
R O R E T N E C N O A S H
T W W E E O P E M N S I G
N E N C A R O O H W W L N
E R E W O T A R M A H L A
C H R O S E T O W E R I H
T T R U M P T O W E R W S
```

90

```
    D R F Y P S A S
    O P A I I N S W
    N E G W M K I R
    K L E A N L R O
R E T I E L X I L E F N
N L T T Y Y B S L R O W
I E O M A R C Y E S O E
B K E D A A T P T T B A
O T I J R E M A N A O S
R R R L S U W O Y T O L
F A E O H R T O S E B E
J T R T D N O P Y M A Y
```

88

```
    Y I B B G G G G
    P P U N N N N S
    B Z I I I I K
    K C P X C K Y N
C N P A A P O A A L R I
I Y S R A B R G R A R W
O H K T S T W S L W A Y
I A G S E O R A I L C L
Y G E K L C A D A L E D
E H C Y R N F R N A F D
C O L G E K S T S M I I
R O B O T W A R S G W T
```

89

```
    S O G O B B W
S R     A P I     T M
L E O     P I L C R I A H
W N M Z P C S E H L E L E
A E O R A T D S I R O T H
S T U O O R U P C O S E S
H H T R S R B G W A L H S
C G H R B A N N P E A R O
L I W I L I O H W M E R L
O A A M V T T O P L C C F
T R S A T O T O R O C H
H T H O O A O U M
    S C T N S C B
```

91

```
    I G A U U R
    S R A I C U N U
    I A A D U T O S A
D I P L O D O C U S A
U O R     L S R R E I S
S U R U A S O I H C R A B
R O S T E G O S A U R U S
C O R Y T H O S A U R U S
    U O U     I R U G G U
            U I R H U
U I C         U U U D
S A C O H C I     A A U S
S U R U A S O T N A G I G
```

92

```
P A K I S T A N Q K N N
S A U D I A R A B I A S
N E P A L I R T I T T A
A K N A L I R S S A U P
T S E N I P P I L I H P
S J O R D A N N Q R B I
I T O O S E A A O Y A C
K I A M M I T H R S H L
I A A K D A K G Y I R A
J W R N R A N F N D A O
A U I E R O P A G N I S
T K Y R G Y Z S T A N N
```

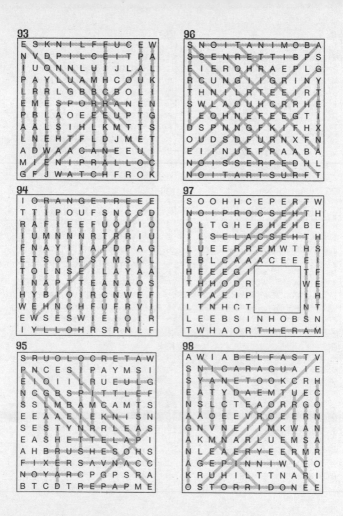

93

```
E S K N I L F F U C E W
N V D P I L C E I T P A
I U O N N L U I J L A L
P A Y L U A M H C O U K
L R R L G B B C B O L I
E M E S P O R R A N E N
P R L A O E E E U P T G
A A L S I H L K M T T S
L N E H T F L D J M E T
A D W A A G A N E E U I
M E N I P R A L L O C
G F J W A T C H F R O K
```

96

```
S N O I T A N I M O B A
S S E N R E T T I B P S
E I E R O H R A E P L G
R C U N G I I G R I N Y
T H N I L R T E E I R T
S W L A O U H C R R H E
I E O H N E F E E G T I
D S P N N G F K I F H X
O U D S D F U R N X F N
E I I N U E F P A A B A
N O I S S E R P E D H L
N O I T A R T S U R F T
```

94

```
I O R A N G E T R E E E
T T I P O U F S N C C D
R A F I E E F U O U I O
I U M N N N R T R R I U
F N A Y I I A P D P A G
E T S O P P S Y M S K L
T O L N S E I L A Y A A
I N A P T T E A N A O S
H Y B I O I R C N W E F
W E H N C H F U F R V I
E W S E S W I E I O I R
I Y L L O H R S R N L F
```

97

```
S O O H H C E P E R T W
N O I P R O C S E H T H
O L T G H E B H E H B E
I L S E L A C S E H T H
L U E E R R E M W T H S
E B L C A A A C E E E I
H E E E G I         T F
T H H O D R         W E
T T A E I P         I H
I T N H C T         N T
L E E B S I N H O B S N
T W H A O R T H E R A M
```

95

```
S R U O L O C R E T A W
P N C E S I P A Y M S I
E I O I I L R U E U L G
N C G B S P I T T L E F
S S L M B A M C A M T S
E E A A E I E K N I S N
S E S T Y N R R L E A S
E A S H E T T E L A P I
A H B R U S H E S O H S
F I X E R S A V N A C C
N O Y A R C P G P S R A
B T C D T R E P A P M E
```

98

```
A W I A B E L F A S T V
S N I C A R A G U A I E
S Y A N E T O O K C R H
E A T Y D A E M T U E C
N S L C T E A O R R G O
A A O E E V R O E E R N
A G N V N E I M K W A N
A K M N A R L U E M S A
N L E A E R Y E E R M R
A G E P I N N I W I E O
K R U H I L T T N A R I
O S T O R R I D O N E E
```

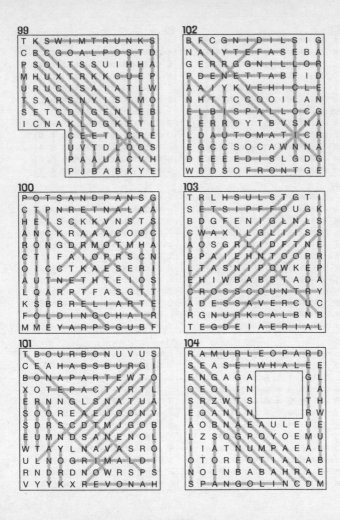

99

```
T K S W I M T R U N K S
C B C G O A L P O S T D
P S O I T S S U I H H A
M H U X T R K K C U E P
U R U C I S A I A T L W
W T S A R S N Y I S T M O
S E T C D I G E N L E B
I C N A K L D G K E T L
      C E E T L C R E
      U V T D L O O S
      P A A U A C V H
      P J B A B K Y E
```

102

```
B F C G N I D I L S I G
N A I Y T E F A S E B A
G E R R G G N I L L O R
P D E N E T T A B F I D
A A Y K V E H I C L E
N H T T C G O O I L A N
E L B I S P A L L O C G
L E R R O Y T B V S N A
L D A U T O M A T I C R
E G C C S O C A W N N A
D E E E E D I S L G D G
W D D S O F R O N T G E
```

100

```
P O T S A N D P A N S G
C T P N R E T N A L A A
H E I S C K K V N S T S
A N C K R A A A C O O C
R O N G D R M O T M H A
C T I F A I O P R S C N
O I C C T K A E S E R I
A U T N E T H T E I O S
L Q A R P T F A S G T T
K S B B R E L I A R T E
F O L D I N G C H A I R
M M E Y A R P S G U B F
```

103

```
T R L H S U L S T G T I
S E T S I P F F O U G K
B D G F E N I G L N L S
C W A X I L G L I I S S
A O S G R L I D F T N E
B P A I E H N T O O R R
L T A S N I P O W K E P
E H I W B A B B T A D A
C R O S S C O U N T R Y
A D E S S A V E R C U C
R G N U R K C A L B N B
T E G D E I A E R I A L
```

101

```
T B O U R B O N U V U S
C E A H A B S B U R G I
B O N A P A R T E W T O
X O T E P A C T Y R T L
E R N N G L S N A T U A
S O O R E A E U O O N V
S D R S C D T M J G O B
E U M N D S A N E N O L
W T A Y L N A V A S R O
U L N O G R I M A L D I
R N D R D N O W R S P S
V Y Y K X R E V O N A H
```

104

```
R A M U R L E O P A R D
S E A S E I W H A L E E
E N G A G A         G L
Q E O I I N         I A
S R Z W T S         T H
E O A N L N         R W
A O B N A E A U L E U E
L Z S O G P O Y O E M U
I I A T N U M P A E A L
O T O R E O T I A L A B
N O L N B A B A H R A E
S P A N G O L I N C D M
```

105

```
T N O T N I H S T A A C
A H I N D U I S M N O A
O T S A I K I O G N C T
I I M S H T R L F C B H
S I L I P M I U I T U O
M A S A O C C W T E D L
M M B N A I W S A N D I
Y T I N A I T S I R H C
M S I N I V L A C I I I
M S I D O H T E M K S S
M S I R E K A U Q Y M M
M S I N I A J M T O S H
```

108

```
M S R C S R T E R M D E
O R C A L E S S G A G C
A U A S N W E U R N O A
I A T T M O I O E G C T
S S A L A T R H A K O H
T O C E U G E T T O L E
A N O S S N T H W R O D
T I M T O I S G A W S R
U D B T L N A I L A S A
E O S D E A N L L T E L
S T A T U E O F Z E U S
L W H E M L M H S W M C
```

106

```
L P V A M P I R E D N R
W R E S T L E R R U E G
R E       D O R T H E
O N       L S S O L C
L O       E N S B O O
I I       O T A Q S W
A T F I L M S T A R A B
S U P E R H E R O R A O
E C D R E G I T R E I Y
O E S S E C N I R P W P
L X S V S N O O T R A C
A E A A E R A T S P O P
```

109

```
A N N G F F C S R G H S
L N R O H G N O R P D S
Y N C L C T K R R R A B
L E S D H L H R I R S
F P W F F T A R I O N P
F I O N F C F F W E F R
S G R E T T I N R R O I
R E D A A S H R K Y W N
O O F G H A N R S S G G
H N I L R A M K C A I R
T R S E A H C I R T S O
F B H B L A C K B U C K
```

107

```
S T N E V A E S P E E D
D P D A A T U D A K A K
L T A H A L O N G B A Y
E V A C G N O O D N O S
L R F E E R A E S D E R
U N I T U C I R A P N F
E S J E J U I S L A N D
O D N N I L E R I V E R
T R E S E D A R A H A S
D N U O S D R O F L I M
D N A L S I O D O M O K
E O E A E S D A E D K P
```

110

```
S L M S B U R H S S S G
I L O R T L S A N S Y R
G N S G Q N U R E S F S
R T S S S L E V F M L E
A K R E L F A D R O O V
S R E K C E P D O O W L
S R D A L T R T G R E O
T N I N D H S R S H R W
S V P S O D D O I S S L
Y A S M A E R T S U E S
A Y O O S E I B E M O S
R E T A U R B F O X E S
```

111

```
K O G A B T C A E A N E
L A P T O P R O S O P S
A R S R O E E C I E R E
E E T N N W L S D E E G
L M R N A C I O K O D W
R A A T H V M A P R R A
E C C T E E E R O T O Y
S H K L T P I N E A C B
A N E E S N E B P B M V
S T R O T A L U C I A C
R A I E E A R P I E C E
E Y R P R E V A N T A S
```

114

```
Y R D W A T T E N R U B
S E V A E R G R A H A L
E I Y R S E U S S L A A
L H W L S H G V L N P N
T V T E L P N A D C S O
O R G I L O N E O I E S
L O A H M T R L R M M D
K W R V Y S L R U W A L
I L N N E G R A H H A
E I E N N R P N L C A N
N N R S N H S M I E R O
C G H E Y C A E S K G D
```

112

```
I K I H P S A S H I M I
E A N M E P U A V S K
S T E R I Y A K I U I A
Y A O A K S P D K K H R
I K R G P A E A T E D A
A A I A G O R E I N D O
R N G N G N M U H D U K
U A A A U P A U P O B E
M M M B L E K A S M N E
A E I E U K Y O E E E
S U S T U J N E K O Z T
A C A L L I G R A P H Y
```

115

```
U A Z U A J P E Y I I N
Y K N E P T U N E T O A
A I O R U K S P A D M J
M Z L K U S R W I U S L
E A L W I Q S E R T H N
V N O Y S A S A U R E N
A A P H R O D I T E R R
R G A A P U N D R I M O
U I S I E K C U A I E H
O I N I T A V R A P S T
A M A R S L G G E A B W
U A N U B I S A M M I G
```

113

```
I P O R C N O T E T P F
U E V I H E E B U O R C
S X S R V D W C N O P R
N T O E O R R Y S U E O
G E H C V E T T B V B P
G N U G P A E O O U R P
N S Q A I D W B T A U E
I I T L T L M C F R S D
T O H I C O H R R P H T
R N P U C C O G I R C M
A S T R U K O K I I U P
P N P T X S Y I H H T B
```

116

```
D C Q E L H G M W N S N
U L S U E N A O O D S P
V O E C I T L I R A R M
E T   D T L H O M E E A
T H D R I S T A G R V L
N E E P U C J N B P O G
B S R C E Y A L R S W N
S M D T P H A H U D O I
N W O G G N I S S E R D
R R W C K O N P H B H A
P D N E A E S H E E T E
I A T T E D D Y B E A R
```

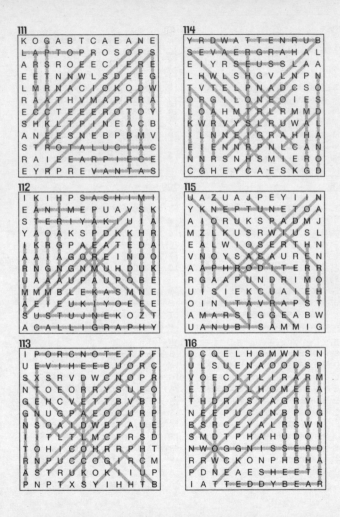

Ace Puzzlers

117

118

119

120

121

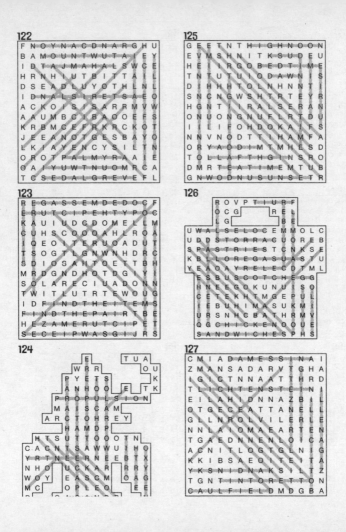

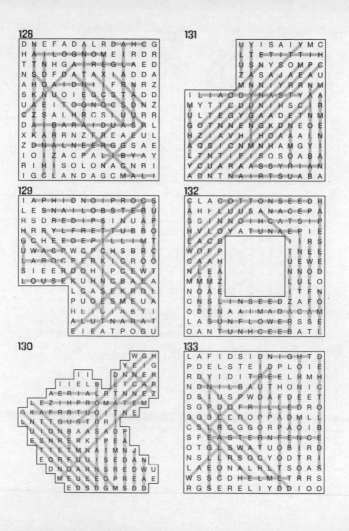

128

```
D N E F A D A L R D A H C G
H A I L O G N O M E I R D R
T T N H G A I R E G L A E D
N S D F D A T A X I A D D A
A H O A I D N I   F R N R Z
S K N U O I E G C S T A D D
C Z S A L H R C S I U U R R
D A I B A R A I D U A S R L
X K A R R N Z F R E A E U L
Z D N A L N E E R G G S A E
I O I Z A C P A L I B Y A Y
R I H I S O L O N A C N R I
I G C L A N D A G C M A L I
```

129

```
I A P H I D N O I P R O C S
L E S N A I L O B S T E R U
R S D R E D I P S I N U A P
H R R Y L F R E T T U B B O
G C H E E D E P   L L I M T
U W A S P W C P C H S B R C
L A R C P E R K I G R O O
S I E E R D O H I P C E W T
L O U S E K U H N C B A E A
          L C A S E K R D L
          P U O E S M E U A
          H E I J A B T I
          A L U T N A R A T
          E I E A T P O G U
```

130

```
                  W G H
                Y E I G
        I I   D N N E R
      I I E L B T C A R
    A E R I A L R T N N E Z
    E Z I H P R O M A T E M
  G K A F R R T U O I T N E
  L N T T G S T O R
  U I O N B A A S A D P
  E S N R E R K T P E A
  T T E T M N A I M N J
  E O R F U U I S E D A N
  D N Q A R N S R E D W U
  M E U E E O P R E A E
    E D S D G M S D D
```

131

```
              U Y I S A I Y M C
              L T E T I T T I H
              U S N Y S O M P C
              Z A S A J A E A U
              M N N Y Y R R N M
I L I A O D Y N A S T Y A A
M Y T T C D U N   H S C R
U L T E G Y G A A D E T N M
G O T N N E N G K D N E O E
H Z I A V H I H O A A A I N
A Q S C N M N H A M G Y I
L I N T I F I S O S O A B A
Y C U A R A A S S Y R I A N
A D N T N A I R T S U A B A
```

132

```
C L A C O T T O N S E E D R
A R F L U U S A N A C E P A
S S I N N O I H C A T S I P
H V L O Y A T U N A E P I E
E A C B           I R S
W O F P           T N E E
C A A H           U E W E
N L E A           N N O D
M M M Z           L U L O
N O A E           I T F N
C N S L I N S E E D Z A F O
O D E N A A I M D A C A M
L A S U N F L O W E R S S E
O A N T U N H C E E B A T L
```

133

```
L A F I D S I D N I G H T D
P D E L S T E I D P L O I E
R D Y I D I T R E E L R M H
N D N I L B A U T H O N I C
D S I U S P W D A F D E E T
S G P D O F R I L L E D R O
S O S E E N O P P A D M L L
C S L R C G G O R P A O I B
S F E A S T E R F E N C E
O T G L S W A T U O B I R D
N S L L R S O C Y O D T R I
L A E O N A L R L T S O A S
W S S C D H E L M E T R R S
R G S E R E L I Y D D I O O
```

134

```
      S C A R E C R O W
    E N                B H
    S N                A G
  N I                  N R
  U        I A M    X B N
  G R N R  O L R T O I K N N D  L A D
  N T H A N O S   D N H K E M O O D R D
    E   E R E N      V O L S  I
  E P                        R E
  H T                        R T
  T P                        R R
    A A
    D A R K P H O E N I X
```

135

```
  U M P              P P M B
  P T T O      B T E I R L
    T E Q A E U N A S A A
    P D F T T T C T I E
    A C F T M H A N
  E B U T T E R S C O T C H
  A   R U N R E O H M T   T
      B E P P I E A
      A T E P C O L
      A N C E I L
        T A P   M
        N N   A
        A N A
        V G S M B N
  H G U O D E I K O O C
```

136

```
  E N C G G L W T U E C C G I
  H G L U   N G R D S O T N L
  A G N I T N I A P N N G I G
  M G G I   T M R S O N N L N
  M C N X L E I T E   I   I
  E G I I M L R N D T S L E R
  R F T O W U I N G A S   I V E
  I I H F C A A R I L W A E P
  N W G T D S S S D L I N L A
  A G N I N E T H G I A R T S P
  I O L D E C O R A T I O N L
  N E W C A R P E T S N L H L
  L X E S H E L V I N G M S
  N G N I N E T H G I T N I W
```

137

```
  S K M O W N N B K N E H Y N
  B A D N O M O L H C O L O R
  T R K N K R L R O C A R R R
  T C E S O E R O A K T S K T
  N R I C C O I I E H B N S H
  E D T R O T R D U E R O H Y
  W E A M T N I M R I U W I O
  F E X R G S B O D T M D R R
  O E S O T E I E H N U O E K
  R H R R R M C D A R W N D M
  E M I L N S O Y K C O I A O
  S C A C N W N O C A G A L O
  T N O D N T W H R B E N E R
  D T O S D A O R B H E P S S
```

138

```
  P E S E L B R A M
  K R E V O R D E R
  G C C C H F A O S
  H O H A A O O W A
  K N R I T G T O F
  H K T F D S N P T O F O S K
  O E P V P E C I O B G A T I
  P R B E J A A R P T A U P S
  S S K C A J E N A P A L T S
  C S K N I W Y L D D I T L C
  O R A W B M U H T S L K O H
  T R U T H O R D A R E E S A
  C O P S A N D R O B B E R S
  H Y P S I P A T T Y C A K E
```

139

```
  O L        I G N
  L G        L E O T
  H R        T T      T S I W T
    T I R N O E  G S I R R O M
                O L O    E O L A C T
              C W R G T R F B A R
              S A E A N D O M N U
          I L I H A X A C M
      D T O T G C T S A B
    D Z B L L O R D N A K C O R
            R O        Y L L E B
            T B                 E
            E A
            L O S
```

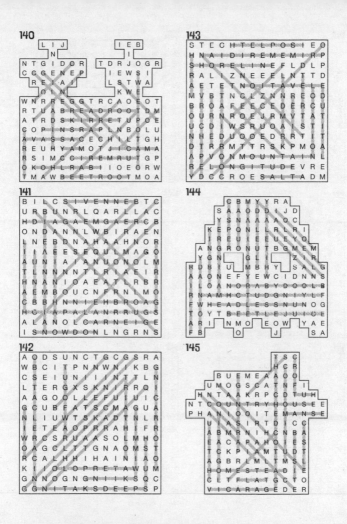

140

```
      L I J              I E B
        N                  I
  N T G I D O R      T D R J O G R
  C C G E N E P      I E W S I
    R E I A I        L S T W A
      O I N          K W E
W N R R E G G T R C A O E O T
R T U A B R E A D R O O T D M
A T R D S K I R R E T U P O E
C O P I N S R A P L N B O L U
A V A S S A C E C H I L T G H
R E U H Y A M O T J I C A M A
R S I M C C I R E M R U T G P
O K O H L R A B I I O E O R W
T M A W B E E T R O O T M O A
```

143

```
S T E C H T E L P O S I E O
H N A I D I R E M E M I R P
S H O R E L I N E F L D L P
R A L I Z N E E E L N T T D
A E T E T N O I T A V E L E
M V B T N C L Z N N R E O D
B R O A F E E C E D E R C U
O U R N R O E J R M V T A T
U C D I W S R U O A S T I
N H E D U Q O E D R R T I T
D T R R M T T R S K P M O A
A P V O N M O U N T A I N L
R E L O N G I T U D E V R E
Y D C C R O E S A L T A D M
```

141

```
B I L C S V E N N E B T C
U R B U N R L Q A R L L A C
H D I A G A E M G A E R C B
O N D A N N L W B I R A E N
L N E B D N A H A A H N O R
I I A E S E Q U L M A G O
A U N I A A N U O N O L M
T I N N N N T L R I A E I R
H N A N I O A E A T L R B R
A E M B O U C N F R N I M O
C B B H N N I E H B R O A G
H C I A P A L A N R R U G S
A L A N O L C A R N E I G E
I S N O W D O N L N G R N S
```

144

```
        C B M Y Y R A
      S A A O D D I J D
    Y S N A A A A O C
  K E P O N L R L R I
  R E U I E E U E Y O
A N G R O N U T B G M E M
Y G N         G L I         Z I R
R D B I U M B H Y S A L G
A A O N E F Y E W C I D N N S
I L O A N O R A B Y D O O L B
R N A M H C T U D G N I Y L F
F W H E A D L E S S N U N O G
T O Y T B E E T L E J U I C E
A R I N M O E O W Y A E
F B       O     J       S A
```

142

```
A O D S U N C T G C G S R A
W B C I T P N N W N I K B G
C S E I U N I I N T T L N
L T E R G X S K N I R R Q I
A A G O O L L E F U I U I C
G C U B F A T S C M A G U A
N L I U W T S K A D T N L R
I E T E A O P R R A H I F R
W R C S R U A A S O L M H O
O A G C L T T G N A O M S T
R C A L H H I H A I N I A O
K I I O L O P R E T A W U M
G N N O G N G N I I K S Q C
G G N I T A K S D E E P S P
```

145

```
            T S C
            H C R
      B U E M E A A O O
      U M O G S C A T N F I
    H N T A A K R P C D T U H
  N T C O U N T R Y H O U S E E E
  P H A N O O I T E M A N S E
  U I A S I R T D I C C
  A B M R N I H C N B A
  E A C A P A H O E S
  T C K P I A M T U D T
  A G B R L M L T M S L
  H O M E S T E A D I E
  C L T F L A T G C T O
  V I C A R A G E D E R
```

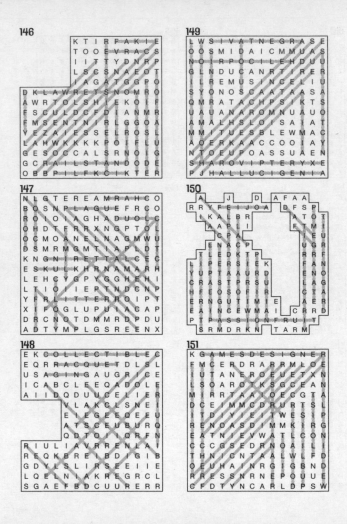

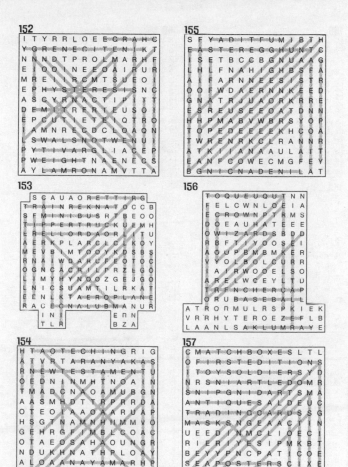

152

```
I T Y R R L O E E C R A H C
Y G R E N E C I T E N I K T
N N N D T P R O L M A R H F
E I Q O I N E E O A I R U R
M R E I R C M T S U E O I
E P H Y S T E R E S I S N C
A S C Y R N A C T I P I T T
D E M T R E R T E U S O I
E P C U T I E T E I Q T R O
I A M N R E C D C L O A Q N
L S W A L S N O T W E N U I
P Y T V A R G L I A C E P
P W E I G H T N A E N E C S
A Y L A M R O N A M V T T A
```

153

```
S C A U A O R E T T I R G
T R A I N R E K N A T O C C B
S F M I N I B U S R H T B E O O
T P P E R T R U C K U E M H
E R E L L O R D A O R L I T U
A E R K P L A R C L C K O Y
M E V B I M T O O Y K D S B S
R N A I W D A R L F E O T O C
O G N C A C R L D P R Z L G O
L I M Y H Y N O O Z G E J G O
N I C S U A M T I L R K A T
E E N L K T A E R O P L A N E
R A C E C N A L U B M A N U R
        I N         E N N
        T L R       B Z A
```

154

```
H T A O T E C H I N G R I G
A T V R T A R A N Y A K A S
R N E W T E S T A M E N T U
O E D N I N M H T N O A I N
T M A D C N A O A M U B G N
A A S M H D T T R P R R D A
O T E O I A A O A A R U A P
H S G T N A M N H I I M M V O
G E H R G F I M B L C O A C
O T A E O S A H A O U N G R
N D U K H N A T H P L O A Y
A L O A A N A Y A M A R H P
R O D S T H E A M L E D B H
B S B I B L E N A R O K A A
```

155

```
S F Y A D I T F U M I B T H
E A S T E R E G G H U N T C
I S E T B C C B G N U A A G
L H L F N A H I G H B S F A
A I F A R N N E E S S T R
O O F W D A E R N N K E E D
G N A T R J U A O R K R R E
E S R E U S E E O A T D N N
H H P M A B V W B R S Y O P
T O P E D E E E E K H C O A
T W R E N R K C L R A N N R
A T K I A N A A U L A I T
E A N F C O W E C M G F E Y
B G N I C N A D E N I L A T
```

156

```
T O Q U E U Q U T N N
F E L C W N L O E I A
E C R O W N P T R M S
D O E A U H A T E E E
O W I Z A R D S B D D
R B F T I Y O O S E I
A O U P B M B M K E R
V Y O L B O L C U R R
I A I R W O O E L S O
A R E W C E Y L T U
T R F N C H E R C A P
O R U B A S E B A L L
A T R O R M U L R S P K I E K
V R R H Y T E R O E Z F L B
L A A N L S A K L U M R A Y E
```

157

```
C M A T C H B O X E S L T L
O F I R S T E D I T I O N S
I T O Y S O L D I E R S Y D
N R S N A R T L E D O M R
S N I P G N I D A R T S M A
A N T I Q U E S A L D E U C
T R A D I N G C A R D S S G
M A S K S N G E A A C T I N
U E E D N M C L I O E C I
R I E R Y E S I P M K B T
B E Y Y P N C P A T I C O E
S E A P O S T E R S C I X E
K L A H B O T T L E S T E R
P H P S E B O L G W O N S G
```

158
```
E L E N G A M E L R A H C A
M A N D E L A D A M S N T P
L K H A N F S N V A O T E K
J E F F E R S O N I T L C
E G N O D E Z O G L E L L R
        T D N N A R L I A
        O T T E N Y H M
        O H H H W C K O C S
        S E E M O U R A R I
T E W A H G O L U T R H U B
D U W U R R N S S R F H H N
V A N E C E N A G A E R C O
S R A S E A C S U I L U J V
T T I P S T L E V E S O O R
```

160
```
C A S T I R O N I R X T V R
O E V G E R I C E T A A O P
T E N I E A A T O I C T F R
T H R I R M I D S C A R N I
O E E T H R E E I R L L T N
N I P I W C H N E O E E N T
G O A E N T A G T N N N E A I
I G P R S T I M S H D H T N
N Y A E I R E E G E A W X G
T T A O F Z S R H N R A E P
Y N N E J G N I N N I P S R
A E R O P L A N E E B W N E
E B U T M U U C A V T C E S
A N L E N I G N E M A E T S
```

159
```
                N
              A N A
            G A A G
          O R U N I
        L A G O G U O R
      C A D E A J M E I
      S C W A L P N A I U
    A N O E L B A E N N L P
    U O N S H E R R H A I A V S
  H C S I O N S U B C S A K U C
  A R K T N A S S A G L R A G H
  L T S E R E V E T N U O M C O
  E E V I N S O N M A S S I F O
  L I M O U N T M C K I N L E Y
  S I S L I E V E D O N A R D U
```

Also Available:

The Kids' Book of Wordsearches 1

ISBN: 978-1-78055-440-2   £3.99